Langenscheidt

Deutsch in 30 Tagen
German in 30 days

Langenscheidt

Deutsch in 30 Tagen
German in 30 days

Von Angelika G. Beck

Langenscheidt

Berlin · München · Wien · Zürich · New York

Umwelthinweis: gedruckt auf chlorfrei gebleichtem Papier

Umschlaggestaltung: Independent Medien-Design
Zeichnungen im Innenteil: Ulf Marckwort, Kassel
Lektorat: Marion Techmer

© 1998, 2000, 2003 by Langenscheidt KG, Berlin und München
Druck: Druckhaus Langenscheidt, Berlin
Printed in Germany
ISBN 3-468-29907-9
www.langenscheidt.de

3. 4. 5. 06 05 04

Contents

Grammar: personal pronoun ▪ present tense: regular verbs ▪ present tense: **sein** and **haben** ▪ affirmative statements ▪ questions: with and without a question word

Life in Germany: Forms of address ▪ Dialects

Grammar: nouns: gender ▪ definite and indefinite article ▪ verb with the nominative and verb with the accusative ▪ definite and indefinite article: nominative and accusative ▪ question words for persons and things: nominative and accusative ▪ modal verbs: **können, dürfen** and **„möchten"**

Life in Germany: Greeting someone and saying goodbye

Grammar: particle **denn** ▪ present tense: irregular verbs ▪ modal verbs **wollen, sollen** and **müssen** ▪ modal verb and verb: word order ▪ the meaning of the modal verbs ▪ pronoun **man** ▪ negation **nicht** ▪ prepositions with the accusative ▪ preposition **in**

Life in Germany: Local transport

Introduction

»Deutsch in 30 Tagen« – »German in 30 Days« – is a self-study course which, in a very short time, will provide you with a sound basic knowledge of everyday German. This book is designed to familiarise you with the main grammatical structures of German and will provide you with a good command of essential vocabulary. In 30 lessons you will acquire both an active and a passive understanding of the language, enabling you to function effectively in day-to-day life in Germany.

Each of the 30 lessons has the same pattern: first, there is a short text in German – generally a dialogue – then a grammar section, followed by a number of exercises to help you consolidate the knowledge already acquired. At the end of each lesson you will find short informative texts giving you an insight into everyday life in Germany. Each of the 30 lessons is an episode in a story and focuses on typical day-to-day situations. Four tests, together with the key to the exercises at the end of the book, will enable you to check the progress you are making.

A complete word list and explanations of the grammatical terms used round off the book. General information for users, grammar and vocabulary explanations as well as the dialogues are translated into English. This will help you learn German more quickly.

This self-study course is also available as a book with an audio-cassette or a compact disc which contain the German dialogues at two different speeds – first, the faster speech of everyday language, and then at a slower speed for you to repeat the phrases.

The author and publishers wish you every success with the course and hope you enjoy using it.

Spelling and pronunciation

1. Spelling

Use of capital letters
In German the following words are written with a capital letter:
- the first word in a sentence

Ich komme aus Japan.   I come from Japan.

- all nouns

Tee, Computer, Foto ...   tea, computer, photo ...

- nominalized verbs

das Lesen, das Schwimmen ...   reading, swimming ...

- nominalized adjectives

etwas Gutes,   something good,
das Schönste ...   the most beautiful thing ...

- the pronouns (polite forms)

Sie, Ihnen, Ihr:
Wie heißen Sie?   What's your name?
Wie geht es Ihnen?   How are you?
Ist das Ihr Gepäck?   Is this your luggage?

Use of small letters
The following words are written with a small letter:
- verbs

heißen, trinken, kommen ...   to be called, to drink,
                                            to come ...

- adjectives

groß, klein ...   large, small ...

- pronouns

ich, du, er ... mein, dein ...   I, you, he ... my, your ...

- conjunctions

und, oder, aber ...   and, or, but ...

- adverbs

da, dort, bald ...   there, there, soon ...

- prepositions

an, auf, unter, in ...   on, on, under, in ...

ß and ss
ß is found
– after long vowels:
    Straße, Spaß, grüßen ...   street, fun, greet ...

ss is found
– after short vowels:
    Kuss, muss, dass ...   kiss, must, that ...

2. Pronunciation

Long vowels
– A doubled vowel is long:
    Tee, Zoo ...   tea, zoo ...

– a vowel followed by an **h** is long:
    Jahr, fahren, ihr ...   year, to drive, her ...

– A vowel is long when it is followed by a consonant and then by a vowel:
    fragen, hören, Rose ...   ask, hear, rose ...

– When an **e** follows an **i**, the **i** is long:
    Sie, wie, viel ...   you, how, much ...

Short vowels
– A vowels at the end of a word is short:
    Taxi, Katze, lese ...   taxi, cat, read ...

– A vowel is usually short when two or more consonants follow:
    Ostern, morgens, Herbst ...   Easter, in the morning, autumn ...

Consonants
Specific characteristics:
-ch:
After **i** and **e**, after **l**, **r**, **n** and with the ending **-ig**, **ch** is formed at the front of the mouth: *ich, sprechen ...*   I, to speak ...
After **a**, **o** and **u**, **ch** is formed at the back of the mouth:
machen, Buch, auch ...   make, book, also ...

-st and **-sp:**
-st and **-sp** at the beginning of a word and a syllable are pronounced **sch**: *stehen, Gespräch ...* to stand, conversation ...

Im Flugzeug

Stewardess:	Etwas zu trinken?
Yuki:	Ja, bitte.
Stewardess:	Kaffee oder Tee?
Yuki:	Kaffee, bitte.
Stewardess:	Mit Milch und Zucker?
Yuki:	Mit Milch.
Theresa:	Entschuldigung, wann sind wir in München?
Stewardess:	In zwei Stunden.

Yuki:	Kommen Sie aus Deutschland?
Theresa:	Nein, ich komme aus Luxemburg. Und Sie?
Yuki:	Ich komme aus Japan.
Theresa:	Aus Tokio?
Yuki:	Nein, aus Sapporo. Und wo wohnen Sie?
Theresa:	In Augsburg.
Yuki:	Und ich, ich wohne in München bei Frau Glück.
Theresa:	Sie haben aber Glück!

On the plane

Stewardess:	Something to drink?
Yuki:	Yes, please.
Stewardess:	Coffee or tea?
Yuki:	Coffee, please.
Stewardess:	With milk and sugar?
Yuki:	Just with milk.
Theresa:	Excuse me, when are we in Munich?
Stewardess:	In two hours.
Yuki:	Do you come from Germany?
Theresa:	No, I come from Luxembourg. And you?
Yuki:	I come from Japan.
Theresa:	From Tokyo?
Yuki:	No, from Sapporo. And where do you live?
Theresa:	In Augsburg.
Yuki:	I live in Munich at Mrs Glück's.
Theresa:	You're really lucky.

Personal pronoun

singular

1st person	*ich*	I
2nd person	*du / Sie*	you *(infml*)* / you *(fml*)*
3rd person	*er / sie / es*	he / she / it

plural

1st person	*wir*	we
2nd person	*ihr / Sie*	you *(infml*)* / you *(fml*)*
3rd person	*sie*	they

There are three personal pronouns for the 3rd person singular.

masculine	*er*	he	(z. B. *der* Mann / man)
feminine	*sie*	she	(z. B. *die* Frau / woman)
neuter	*es*	it	(z. B. *das* Kind / child)

* infml	*=*	*informal (informell)*
fml	*=*	*formal (formell)*

▶

Note that the polite form **Sie** is used for both the 2nd person singular and plural.

Wohnen **Sie** *in München?*   Do you live in Munich?
(Frau Glück)
Wohnen **Sie** *in München?*   Do you live in Munich?
(Frau Glück and Herr Mayer)

Present tense: regular verbs

wohnen	to live		
singular	*ich*	*wohn***e**	I live
	du	*wohn***st**	you live *(infml)*
	Sie	*wohn***en**	you live *(fml)*
	er / sie / es	*wohn***t**	he / she / it lives
plural	*wir*	*wohn***en**	we live
	ihr	*wohn***t**	you live *(infml)*
	Sie	*wohn***en**	you live *(fml)*
	sie	*wohn***en**	they live

Note that the forms of the 1st and 3rd person plural (**wir** and **sie**) and the polite forms of the 2nd person singular and plural (**Sie**) have the same ending as the infinitive: **-en**. The forms of the 3rd person singular (**er / sie / es**) and 2nd person plural (**ihr**) have the same ending: **-t**.

Complete the sentences using the correct personal pronoun:

1. .... wohnt in Deutschland. *(feminine)*

2. .... trinkst Bier.

3. .... / .... kommen aus Amerika.

4. .... trinkt Tee. *(masculine)*

5. .... kommt aus Mexiko. *(feminine)*

Exercise 1

Exercise 2

Complete the sentences using the correct form of the verb:

1. Ihr (lernen) .... Deutsch.

2. Wir (wohnen) .... in Berlin.

3. Er (kommen) .... aus China.

4. Sie (trinken) .... Kaffee. *(Yuki)*

5. Ich (lernen) .... Französisch.

Present tense: sein and haben

sein to be

singular		plural	
ich	**bin**	wir	**sind**
du	**bist**	ihr	**seid**
Sie	**sind**	Sie	**sind**
er / sie / es	**ist**	sie	**sind**

haben to have

singular		plural	
ich	**habe**	wir	**haben**
du	**hast**	ihr	**habt**
Sie	**haben**	Sie	**haben**
er / sie / es	**hat**	sie	**haben**

Exercise 3

Fill in the correct form of **sein:**

1. Du .... in Nürnberg.

2. Ihr .... in München.

3. Sie .... aus Köln. *(Michaela and Peter)*

4. Wann .... wir in München?

Fill in the correct form of *haben*:

1. Sie .... / .... Glück.

2. Wir .... Pech.

3. Ich .... Hunger.

4. Es .... Durst.

Exercise 4

Affirmative statements

Ich	***komme***	*aus Luxemburg.*	I come from Luxembourg.
1	2	3	
subject	verb		

In statements the subject is in position 1 and the verb in position 2.

Questions: with a question word

Wo	***wohnen***	*Sie?*	Where do you live?
1	2	3	
	verb	subject	

With question words (***wann, wo*** ...) the verb is in position 2 and the subject in position 3.

Questions: without a question word

Kommen	*Sie*	*aus Deutschland?*	Do you come from Germany?
1	2	3	
verb	subject		

Without a question word, the verb is in position 1 and the subject in position 2.

Exercise 5

Match the following sentences:

1. Wo wohnt Yuki?

2. Kommt Yuki aus Tokio?

3. Wo wohnt Theresa?

4. Was trinkt Yuki?

a Sie trinkt Kaffee mit Milch.

b Sie wohnt bei Frau Glück.

c Sie wohnt in Luxemburg.

d Nein, sie kommt aus Sapporo.

1. .... **2.** .... **3.** .... **4.** ....

Vocabulary

aber *in:* Sie haben aber Glück!	really	heißen *in:* wie heißen Sie?	to be called
aus	from	Hunger, der *in:* Hunger haben	to be hungry
Amerika	America	ich	I
Augsburg	Augsburg	in	in
bei *in:* bei Frau Glück	at	ja	yes
bitte	please	Japan	Japan
China	China	Kaffee, der	coffee
Deutschland	Germany	Kind, das	child
Deutsch	German	Köln	Cologne
Durst *in:* Durst haben	to be thirsty	kommen	to come
Entschuldigung, die	excuse me	lernen	to learn
etwas zu trinken	something to drink	Luxemburg	Luxembourg
Französisch	French	Mann, der	man
Frau, die	woman	Mexiko	Mexico
Glück, das *in:* Glück haben	to be lucky	Milch, die	milk
haben	to have	mit	with
		München	Munich
		nein	no
		Nürnberg	Nuremberg
		oder	or
		Österreich	Austria

Pech, das *in:*	to be unlucky	**Tokio**	Tokyo
Pech haben		**trinken**	to drink
Sapporo	Sapporo	**und**	and
sein	to be	**wann?**	when?
Sie	you (fml)	**Wien**	Vienna
Stewardess, die	stewardess	**wir**	we
		wo?	where?
Stunden, die *(Pl.)*	hours	**wohnen**	to live
		Zucker, der	sugar
Tee, der	tea	**zwei**	two

Forms of Address

Sie is the polite form of address to a stranger: **Wie heißen Sie?** (What's your name?); **Wo wohnen Sie, Frau Müller?** (Where do you live, Mrs Müller?). **Du** is the form of address for friends, acquaintances and relatives as well as for children and young people up to about 16: **Wie heißt du?** (What's your name?); **Wo wohnst du, Franz?** (Where do you live, Franz?).

Dialects

Yuki is now in Munich. Munich is in southern Germany and is the capital of Bavaria. At the beginning Yuki had some difficulty understanding people who spoke Bavarian. In Germany, each town and region has its own special dialect.

Ankunft bei Frau Glück

Yuki:	Guten Tag, Frau Glück! Ich bin Yuki.
Frau Glück:	Guten Tag! Willkommen in Deutschland! Bitte kommen Sie herein.
Yuki:	Danke!
Frau Glück:	Hier ist das Wohnzimmer. Bitte, nehmen Sie Platz! Sie sind sicher durstig. Möchten Sie ein Wasser, einen Kaffee oder eine Cola?
Yuki:	Eine Cola bitte.

Frau Glück:	Hier ist die Küche. Hier essen wir. Das ist das Schlafzimmer. Das ist das Bad. Da können Sie duschen. Und das Zimmer ist für Sie.
Yuki:	Oh! Das Zimmer ist groß und hell. Da habe ich viel Platz. Es gibt auch einen Fernseher!
Frau Glück:	Ja, Sie können hier fernsehen oder im Wohnzimmer.
Yuki:	Und wer ist das?
Frau Glück:	Das ist Mainzel, die Katze. Sie dürfen Mainzel ruhig streicheln.
Yuki:	Ich liebe Tiere. Ich habe zu Hause einen Hund. Er heißt Männchen.

Arriving at Mrs Glück's

Yuki:	Hello, Mrs Glück. I'm Yuki.
Mrs Glück:	Hello, welcome to Germany. Please, come in.
Yuki:	Thank you.
Mrs Glück:	Here is the living room. Please, have a seat. I'm sure you must be thirsty. Would you like a glass of water, a coffee or a coke?
Yuki:	A coke, please.
Mrs Glück:	Here is the kitchen. We eat here. That's the bedroom. That's the bathroom. You can have a shower there. And this room is for you.
Yuki:	Oh, the room is big and light. There's lots of room. There's a TV, too.
Mrs Glück:	Yes, you can watch television here or in the living room.
Yuki:	And who is that?
Mrs Glück:	That's Mainzel, the cat. You may stroke Mainzel, if you want.
Yuki:	I love animals. I've got a dog at home. His name is Männchen.

Nouns: gender

Each noun has its own gender. The definite article shows the gender: masculine **der**, neuter **das**, feminine **die**.

singular

masculine	neuter	feminine
der Mann	**das** Kind	**die** Frau
der Fernseher	**das** Bad	**die** Stewardess
der Kaffee	**das** Wasser	**die** Milch

You should always learn nouns together with the article:
der Fernseher, das Wasser, die Milch.
There are some rules which help you recognise the gender, but not for all nouns.
Female persons are normally feminine, male persons are masculine. However, there are exceptions e.g. **das Mädchen**, because nouns with the ending **-chen** are always neuter and take the article **das: das Brötchen, das Kätzchen**.

Some rules

feminine
female persons,   *die Mutter, die Oma,*
professions and   *die Katze, die Lehrerin,*
animals   *die Stewardess*
                         mother, grandma, cat,
                         teacher, stewardess

masculine
male persons,   *der Vater, der Opa,*
professions and   *der Kater, der Lehrer,*
animals   *der Steward*
                         father, granddad, tomcat,
                         teacher, steward

days of the week   *der Montag, der Dienstag,*
                         der Mittwoch, der Donnerstag,
                         der Freitag, der Samstag,
                         der Sonntag
                         Monday, Tuesday, Wednesday,
                         Thursday, Friday, Saturday,
                         Sunday

neuter
Nouns with the   *das Mädchen, das Kätzchen,*
ending *-chen*   *das Auto, das Büro*
and *-o*   girl, kitten, car, office

Exercise 1

Complete the   **1.** .... Hund heißt Männchen.
sentences with
der, das or *die:* **2.** .... Baby schreit.

                    3. .... Zimmer ist für Sie.

                    4. .... Bad ist groß.

                    5. .... Fernseher ist im Wohnzimmer.

Definite and indefinite articles

masculine	neuter	feminine
der / **ein** Mann	**das** / **ein** Kind	**die** / **eine** Frau
der / **ein** Kaffee	**das** / **ein** Wasser	**die** / **eine** Milch

You use the indefinite article **ein, ein, eine** when something is unknown or new in the text. You use the definite article **der, das, die** when something is known or not new: *Das ist ein* Zimmer. *Das* Zimmer ist groß und hell. (That is **a** room. **The** room is big and light.)

Complete the sentences with the correct article:

Exercise 2

1. Das ist .... Frau.   .... Frau heißt Yuki.

2. Das ist .... Hund.   .... Hund heißt Männchen. ▶

3. Das ist .... Katze.   .... Katze heißt Mainzel.

Nominative and accusative

Nouns can be in four different cases: nominative, accusative, dative oder genitive.

The verb determines which case the noun and article take.

verbs with the nominative	**sein** to be *Das ist **die Küche**.* That is the kitchen.
verbs with the accusative	**haben, kaufen, brauchen, trinken, nehmen, mögen** (infinitive of: ich möchte) to have, to buy, to need, to drink, to take, to like *Ich habe* **eine Katze.** I have a cat. *Ich möchte* **einen Kaffee**. I'd like a coffee.

Definite and indefinite article: nominative and accusative

singular	masculine	neuter	feminine
nominative	*der / ein* *Kaffee*	*das / ein* *Wasser*	*die / eine* *Cola*
accusative	*den / ein**en*** *Kaffee*	*das / ein* *Wasser*	*die / eine* *Cola*

Complete the sentences with *ein*, *eine* oder *einen*:

Exercise 3

1. Ich möchte .... Tee und .... Wasser.

2. Ich nehme .... Kaffee mit Milch.

3. Yuki trinkt .... Cola.

4. Yuki hat .... Hund.

5. Frau Glück hat .... Katze.

6. Er kauft .... Auto.

Question words for persons and things: nominative and accusative

Person(s)
nominative

Das ist Yuki.	**Wer** ist das?	Who is that?
Das sind Yuki und Frau Glück.	**Wer** sind die Frauen?	Who are the women?

accusative

Ich sehe Yuki.	**Wen** sehen Sie?	Who(m) do you see?
Ich sehe Yuki und Frau Glück.	**Wen** sehen Sie?	Who(m) do you see?

Thing(s)
nominative

Das ist ein Fernseher.	**Was** ist das?	What is that?
Das sind zwei Fernseher.	**Was** sind das?	What are these?

accusative

Ich sehe einen Fernseher.	**Was** sehen Sie?	What do you see?
Ich sehe zwei Fernseher.	**Was** sehen Sie?	What do you see?

▶

Exercise 4

Complete the sentences using **wer**, **wen** or **was**:

1. .... ist das? Das ist Frau Glück.

2. .... ist das? Ein Fernseher.

3. Ich sehe die Lehrerin. .... sehen Sie?

4. Ich nehme einen Kaffee.
.... nehmen Sie?

5. Wir sehen Yuki. .... sehen Sie?

Modal verbs			
können can			
ich	kann	wir	könn**en**
du	kann**st**	ihr	könn**t**
Sie	könn**en**	Sie	könn**en**
er / sie / es	kann	sie	könn**en**
dürfen may			
ich	darf	wir	dürf**en**
du	darf**st**	ihr	dürf**t**
Sie	dürf**en**	Sie	dürf**en**
er / sie / es	darf	sie	dürf**en**
„**möchten**"	would like (*Subjunctive II of* mögen)		
ich	möcht**e**	wir	möcht**en**
du	möcht**est**	ihr	möcht**et**
Sie	möcht**en**	Sie	möcht**en**
er / sie / es	möcht**e**	sie	möcht**en**

Complete the correct form of **könnnen, dürfen** and »**möchten**«:

1. Was (möchten) .... du trinken?

2. Wir (dürfen) .... hier nicht parken.

3. Yuki (können) .... im Wohnzimmer fernsehen.

4. Ihr (können) .... im Bad duschen.

5. Du (dürfen) .... hier rauchen.

Exercise 5

Ankunft, die, -"e	arrival	**für**	for
auch	too	**groß**	big
Auto, das, -s	car	**guten Tag!**	hallo
Baby, das, -s	baby	**hell**	light
Bad, das, "er	bathroom	**herein** *in:*	in
brauchen	to need	**kommen Sie herein**	
Brötchen, das, -	roll	**hier**	here
Büro, das, -s	office	**Hund, der, -e**	dog
Cola, die, -	coke	**Kater, der, -**	tomcat
da	then	**Kätzchen, das, -**	kitten
danke	thank you	**Katze, die, -n**	cat
Dienstag, der, -e	Tuesday	**kaufen**	to buy
Donnerstag, der, -e	Thursday	**können**	can
dürfen	may	**Küche, die, -n**	kitchen
durstig	thirsty	**Lehrer, der, -**	teacher
duschen (sich)	to have a shower	**Lehrerin, die, -nen**	teacher
es gibt	there is/ there are	**lieben**	to like; love
		Mädchen, das, -	girl
essen	to eat	**Mittwoch, der, -e**	Wednesday
fernsehen	to watch TV	**möchten**	would like
Fernseher, der, -	television(set)	**mögen**	to like
Freitag, der, -e	Friday	**Montag, der, -e**	Monday

Vocabulary

Mutter, die, -"er	mother	schreien	to cry
nehmen	to take	sehen	to see
nehmen Sie Platz!	take a seat	sicher	sure
nicht	not	Sonntag, der, -e	Sunday
Oma, die, -s	grandma	Steward, der, -s	steward
Opa, der, -s	granddad	streicheln	to stroke
parken	to park	Tier, das, -e	animal
Platz, der, -"e	room	trinken	drink
Radio, der, -s	radio	Vater, der, -"er	father
rauchen	to smoke	viel	a lot of
ruhig *in:*	if you want	was?	what?
ruhig streicheln		Wasser, das, -	water
		wer?	who?
Samstag, der, -e	Saturday	willkommen	welcome
		Wohnzimmer, das, -	living room
Schlafzimmer, das, -	bedroom	zeigen	to show
		zu Hause	at home
		Zimmer, das, -	room

Greeting someone and saying goodbye

At any time of the day you can greet someone formally by saying **Guten Tag!** (Good day) and shaking hands. In the morning until about 10 a.m., you can also greet each other with **Guten Morgen!** (Good morning) and from about 6 p.m. with **Guten Abend!** (Good evening). When you leave, you say **Auf Wiedersehen!** (Goodbye), and shake hands again. The informal way to greet someone is to say **Hallo!** or **Grüß dich!** The informal way of saying goodbye is **Tschüs** (Bye).

Yuki möchte in die Stadt fahren

Yuki:	Ich möchte in die Stadt fahren.
Frau Glück:	Da nehmen Sie am besten die U-Bahn.
Yuki:	Wo ist denn die Haltestelle?
Frau Glück:	Gleich um die Ecke.
Yuki:	Wohin fährt die U-Bahn?
Frau Glück:	Direkt ins Zentrum.
Yuki:	Wie viele Stationen muss ich denn fahren?
Frau Glück:	Vier Stationen bis ins Zentrum.
Yuki:	Wo kann ich eine Fahrkarte für die U-Bahn kaufen?
Frau Glück:	Am Automaten oder am Kiosk. Kaufen Sie am besten eine Streifenkarte.
(Am Kiosk)	
Yuki:	Guten Morgen! Eine Streifenkarte, bitte.
Herr Schmidt:	Bitte schön! 9 Euro.
Yuki:	Ich will in die Stadt. Wie viele Streifen muss ich stempeln?
Herr Schmidt:	Zwei Streifen. Auf Wiedersehen!

Yuki wants to go to town

Yuki:	I want to go to town.
Mrs Glück:	Then the best thing to do is to take the Underground.
Yuki:	Where is the station?
Mrs Glück:	Just round the corner.
Yuki:	Where does the Underground go to?
Mrs Glück:	Right into the city centre.
Yuki:	How many stops are there?
Mrs Glück:	Four stops to the centre.
Yuki:	Where can I buy a ticket for the Underground?
Mrs Glück:	From the ticket machine or at a kiosk. The best thing is to buy a strip ticket.
(At a kiosk)	
Yuki:	Good morning. A strip ticket, please.
Mr Schmidt:	Here you are. 9 euros, please.
Yuki:	I want to go to the city centre. How many strips should I stamp?
Mr Schmidt:	Two strips. Goodbye.

Particle denn

*Wo ist **denn** die Haltestelle?*
Where is the station (then)?

Denn is used only in questions. **Denn** makes the question sound less direct.

Present tense: irregular verbs

nehmen to take

ich	nehm**e**	*wir*	nehm**en**
du	n**i**mm**st**	*ihr*	nehm**t**
Sie	nehm**en**	*Sie*	nehm**en**
er / sie / es n**i**mm**t**		*sie*	nehm**en**

fahren to go

ich	fahre	wir	fahren
du	fährst	ihr	fahrt
Sie	fahren	Sie	fahren
er /sie /es	fährt	sie	fahren

sprechen speak

ich	spreche	wir	sprechen
du	sprichst	ihr	sprecht
Sie	sprechen	Sie	sprechen
er / sie / es	spricht	sie	sprechen

Modal verbs

wollen to want

ich	will	wir	wollen
du	willst	ihr	wollt
Sie	wollen	Sie	wollen
er / sie / es	will	sie	wollen

sollen should

ich	soll	wir	sollen
du	sollst	ihr	sollt
Sie	sollen	Sie	sollen
er / sie / es	soll	sie	sollen

müssen must

ich	muss	wir	müssen
du	musst	ihr	müsst
Sie	müssen	Sie	müssen
er / sie / es	muss	sie	müssen

Exercise 1

Make questions using the *Sie*-form:

1. Was möchtest du trinken?

....

2. Wohin willst du fahren?

....

3. Wohin fährst du?

....

4. Was nimmst du?

....

Exercise 2

Complete the sentences using the correct form of *wollen*:

1. Das Kind .... Schokolade.

2. Wir .... in die Stadt fahren.

3. Yuki .... eine Fahrkarte kaufen.

4. Frau Glück und Yuki .... Kaffee trinken.

5. Du .... Deutsch lernen.

Modal verb + verb: word order

Note the position of the modal verb and infinitive in the following sentences. The infinitive always comes at the end of the sentence.

statement:

| Yuki | **kann** | im Wohnzimmer | **fernsehen.** |
| Yuki | **will** | in die Stadt | **fahren.** |

question word:

| Wo | **kann** | ich eine Fahrkarte | **kaufen?** |
| Wie viele Stationen | **muss** | ich denn | **fahren?** |

question:

Darf	ich Mainzel	**streicheln?**
modal verb		infinitive

When the context is clear, it is possible to omit the infinitive:

Ich möchte einen Kaffee. (trinken)   I'd like a cup of coffee.
Yuki will in die Stadt. (fahren)   I want to go to town.

Make sentences
with modal
verbs + verbs
in the infinitive:

1. Yuki spricht Deutsch. (können)

....

2. Yuki fährt in die Stadt. (wollen)

....

3. Sie kauft eine Fahrkarte. (müssen)

....

4. Sie stempelt die Fahrkarte. (müssen)

....

Exercise 3

The meaning of the modal verbs

wollen:
Yuki **will** in die Stadt fahren.   Yuki wants to go to town.

Wollen expresses an intention or a wish. Children use this word a lot: Ich **will** ein Eis. (I want an ice-cream.) When adults want something, they generally use the subjunctive of **mögen**: Ich **möchte** einen Kaffee. (I would like a coffee.)

sollen:
Sie **sollen** nicht rauchen.   You shouldn't smoke.

Sollen expresses a piece of advice or a recommendation.   ▶

müssen:

Yuki muss 2 Streifen stempeln.   Yuki has to stamp two
                                    strips.

Müssen expresses a necessity or compulsion.

können:

Yuki kann am Kiosk eine   Yuki can buy a
Fahrkarte kaufen.   ticket at the kiosk.

Yuki kann Deutsch sprechen.   Yuki can speak German.

Yuki kann auch im   Yuki can watch TV
Wohnzimmer fernsehen.   in the living room.

Können expresses possibility, ability or permission.

dürfen:

Hier darf man rauchen.   You are allowed to smoke
                               here.

Hier darf man nicht rauchen.   You are not allowed to
                                 smoke here.

Darf ich die Katze streicheln?   May I stroke the cat?

Dürfen expresses permission, prohibition, or is used in
polite questions.

Pronoun man

Man ("one", "you") is used in generalisations.

Hier darf man parken.
Parking is allowed here.

Hier darf man nicht rauchen.
Smoking is not allowed here.

Complete the sentences with the correct forms of *können, dürfen, müssen* or *sollen:*

Exercise 4

1. .... ich Ihnen das Zimmer zeigen?

2. Du .... die Schoko-lade essen.

3. Yuki .... zwei Streifen stempeln.

4. Ihr .... nicht streiten.

Complete the sentences with the correct forms of *können, dürfen* or *müssen:*

Exercise 5

1. Hier .... / .... man parken.

2. Hier .... man nicht parken.

3. Hier .... man abbiegen.

4. Hier .... man nicht rauchen.

5. Hier .... man Kaffee trinken.

Negation nicht

Verbs are made negative with **nicht**. It comes after the verb.

Kommen Sie aus Deutschland?

Do you come from Germany?

Nein, ich komme nicht aus Deutschland.

No, I don't come from Germany.   ▶

Das Zimmer ist klein.   The room is small.

Nein, das Zimmer   No, the room isn't small.
ist **nicht** klein.

In a sentence with a modal verb and an infinitive
nicht comes between the two verbs as in English.

Ich kann **nicht** kommen.   I can't come.

Du sollst **nicht** rauchen.   You shouldn't smoke.

Exercise 6

Form sentences   **1.** Ich gehe in die Stadt.
with **nicht**:
                      ....

                      2. Wir fahren nach Paris.

                      ....

                      3. Ich möchte fernsehen.

                      ....

                      4. Die U-Bahn fährt ins Zentrum.

                      ....

Exercise 7

Complete the   **1.** .... lernt Yuki?
sentences with
wohin, wie viele, **2.** .... kann Yuki eine Fahrkarte
wo or **was**:   kaufen?

                      3. .... ist die Haltestelle?

                      4. .... will Yuki fahren?

                      5. .... wohnt Yuki?

                      6. .... Streifen muss Yuki
                             stempeln?

                      7. .... fährt die U-Bahn?

Prepositions with the accusative

Prepositions are normally found before a noun and require a particular case (accusative, dative or genitive). Prepositions that take the accusative only are: **bis**, **durch**, **für**, **gegen**, **ohne** and **um**.

*Das Flugzeug fliegt **bis München**.*
The plane is flying to Munich.

*Der Zug fährt **durch den Tunnel**.*
The train goes through the tunnel.

*Das Medikament ist **für das Kind**.*
The medicine is for the child.

*Das Auto fährt **gegen den Baum**.*
The car drives into the tree.

*Wir reisen **ohne** Geld **um die Welt**.*
We are travelling around world without any money.

Preposition in

In is used with the accusative when you can ask the question **wohin?** *(where … to?)*

*Yuki fährt **in** die Stadt.*	***Wohin** fährt Yuki?*
Yuki is going to town.	Where is Yuki going?
*Die U-Bahn fährt **ins** Zentrum.*	***Wohin** fährt die U-Bahn?* (ins = in das)
The Underground goes to the town centre.	Where does the Underground go to?

Exercise 8

Complete the sentences with **durch**, **für**, **gegen**, **ohne**, **um**, **bis** or **in**:

1. Yuki fährt .... die Stadt.

2. Ihr geht .... /............... den Wald.

3. .... Geld kann man nichts kaufen.

4. Der Zug fährt .... Frankfurt.

5. Die Blumen sind .... Frau Glück.

6. Das Auto fährt .... die Ecke.

7. Der FC Bayern München spielt

.... Real Madrid.

Vocabulary

abbiegen	to turn	**fahren**	to go
am (= **an dem**) *in:* **am Kiosk**	at	**Fahrkarte, die, -n**	ticket
am besten	the best thing	**Flugzeug, das, -e**	plane
auf Wiedersehen	goodbye		
Automat, der, -en	ticket machine	**gegen** *in:* **gegen den Baum**	into
Baum, der, -"e	tree	**Geld, das, -er**	money
bitte schön!	here you are	**gleich**	just
bis *in:* **bis ins Zentrum**	to	**Haltestelle, die, -n**	station
Blume, die, -n	flower	**ins** (= **in das**)	into
Buch, das, -"er	book	**Kiosk, der, -e**	kiosk
denn	then	**klein**	small
direkt *in:* **direkt ins Zentrum**	right	**man**	one
		Medikament, das, -e	medicine
durch	through	**müssen**	must
Ecke, die, -n	corner	**nach** *in:* **nach Paris**	to
Eis, das	ice cream		

ohne	without	Taxi, das, -s	taxi
parken	to park	Tunnel,	tunnel
reisen	to travel	der, -	
Schokolade,	chocolate	U-Bahn,	Underground
die, -n		die, -en	
sollen	should	um	around
Sprache,	language	vier	four
die, -n		Wald,	forest
sprechen	to speak	der, -"er	
Stadt, die, -"e	town	welche?	which?
Station,	stop	Welt,	world
die, -en		die, -en	
stempeln	to stamp	wie viele?	how many?
Streifen,	strip	wohin?	where to?
der, -		wollen	to want
Streifenkarte,	strip ticket	Zentrum,	centre
die, -n		das, die	
streiten	quarrel	Zentren (Pl.)	
Student,	student	Zug,	train
der, -en		der, -"e	

Local transport

In all big cities such as Berlin, Hamburg, Munich, Cologne, Frankfurt and Stuttgart, there are good public transport systems. You can usually use the same ticket on buses, trams, the Underground or suburban trains. You can get tickets at the kiosks in the station, from ticket machines and from the driver on the bus. Many ticket machines only take coins, but some also take 5 and 10 euro notes. If you travel on the Underground or suburban trains in the city centre, you must stamp your ticket before going on the platform.

4 Der Deutschkurs

Heute Morgen geht Yuki in die Schule. Der Deutschunter-
richt beginnt. Die Kursteilnehmer kommen aus Frankreich,
England, Italien, Spanien, Polen, China, Bolivien, den USA
und Afghanistan. Alle wollen Deutsch lernen.

Frau Holzer:	Guten Morgen! Herzlich willkommen in der Schule. Ich heiße Frau Holzer. Ich komme aus Deutschland und wohne in München. Ich möchte Sie gerne kennen lernen. Woher kommen Sie?
Yuki:	Ich komme aus Japan, aus Sapporo.
Frau Holzer:	Und wie heißen Sie?
Yuki:	Ich heiße Yuki Naito.
Frau Holzer:	Und wer sind Sie?
Jean-Luc:	Mein Name ist Jean-Luc Mathieu. Ich komme aus Frankreich, aus Toulouse.
Frau Holzer:	Und woher kommen Sie?
Olivia:	Ich komme aus Bolivien, aus La Paz.
Frau Holzer:	Ich habe Bücher und einen Stundenplan für Sie. Bitte schön! Der Unterricht beginnt morgens um 8.00 Uhr. Von 10.15 bis 10.45 Uhr machen wir eine Pause.
Yuki:	Können wir etwas zu trinken kaufen?

Frau Holzer: Ja. Sie können in die Cafeteria gehen. Die
Mittagspause beginnt um 12.30 Uhr. Nach-
mittags beginnt der Unterricht um 13.30
Uhr. Er dauert bis 16.00 Uhr.

Yuki: Was können wir danach noch machen?

Frau Holzer: Danach können Sie noch eine Stunde in die
Bibliothek gehen. Sie schließt um 17.00
Uhr. Montags, mittwochs und freitags sind
wir nachmittags im Sprachlabor. Es ist im
Raum 7 im Erdgeschoss. Jeden Dienstag
und Donnerstag sind wir nachmittags im
Videoraum. Heute endet der Unterricht um
15.00 Uhr. Heute Abend feiern wir eine
Begrüßungsparty. Sie dürfen gerne Freunde
mitbringen.

Yuki: Wie lange haben denn die Geschäfte auf?
Ich muss noch in ein Blumengeschäft.

Frau Holzer: Sie haben noch Zeit. Die Geschäfte
schließen werktags um 20.00 Uhr und
samstags um 16.00 Uhr.

The German course

*This morning Yuki is going to the language school. Her German language
course is starting. The other members of the course come from France,
England, Italy, Spain, Poland, China, Bolivia, the USA and Afghanistan.
They all want to learn German.*

Mrs Holzer: Good morning. Welcome to the school. My name is
Mrs Holzer. I'm from Germany and live in Munich.
I'd like to get to know you all. Where do you come
from?

Yuki: I'm from Japan, from Sapporo.

Mrs Holzer: And what's your name?

Yuki: My name's Yuki Naito.

Mrs Holzer: And who are you?

Jean-Luc: My name's Jean-Luc Mathieu. I come from France,
from Toulouse.

Mrs Holzer: Where do you come from?

Olivia: I come from Bolivia, from La Paz.

Mrs Holzer:	I've got books and a timetable for you. Here you are. Lessons start at 8 o'clock in the morning. There's a break from 10.15 to 10.45.
Yuki:	Can we buy something to drink?
Mrs Holzer:	Yes, you can go to the cafeteria. Lunch break starts at 12.30. Lessons start again at 1.30 in the afternoon and go on till 4 o'clock.
Yuki:	What can we do afterwards?
Mrs Holzer:	After the lessons you can go to the library for an hour. It closes at 5 o'clock. On Monday, Wednesday and Friday afternoons we are in the language lab. It's in room 7 on the ground floor. On Tuesdays and Thursdays we are in the video room in the afternoon. Today the lesson ends at 3 o'clock. Tonight we are giving a party to welcome you. You can bring your friends along as well, if you like.
Yuki:	How long are the shops open? I've got to go to a flower shop.
Mrs Holzer:	There is plenty of time. Shops close at 8 o'clock on weekdays and at 4 o'clock on Saturdays.

Word formation: compounds

New words can be made in German by combining a noun with another noun, e. g.:

das Video	+	*der Raum* =	*der Videoraum*	
video		room	video room	
die Begrüßung	+	*die Party* =	*die Begrüßungsparty*	
welcome		party	welcoming party	
die Stunden (Pl.) +		*der Plan* =	*der Stundenplan*	
hours		plan	timetable	

Exercise 1

Form compounds and fill in the articles:

1. die Stadt   das Zentrum

....

2. die Bücher *(Pl.)*   der Schrank

....

3. der Brief   die Marke

....

4. der Brief   der Umschlag

....

5. der Abend   das Essen

....

Numbers: 0 – 1 000 000

0 null			
1 eins	11 **elf**	21 einundzwanzig	40 vierzig
2 zwei	12 **zwölf**	22 zweiundzwanzig	50 fünfzig
3 drei	13 dreizehn	23 dreiundzwanzig	60 **sechzig**
4 vier	14 vierzehn	24 vierundzwanzig	70 **siebzig**
5 fünf	15 fünfzehn	25 fünfundzwanzig	80 achtzig
6 sechs	16 **sechzehn**	26 sechsundzwanzig	90 neunzig
7 sieben	17 **siebzehn**	27 siebenundzwanzig	100 (ein)hundert
8 acht	18 achtzehn	28 achtundzwanzig	
9 neun	19 neunzehn	29 neunundzwanzig	
10 zehn	20 **zwanzig**	30 **dreißig**	

100 (ein)hundert		
200 zweihundert	2 000 zweitausend	20 000 zwanzigtausend
300 dreihundert	3 000 dreitausend	30 000 dreißigtausend
400 vierhundert	4 000 viertausend	40 000 vierzigtausend
500 fünfhundert	5 000 fünftausend	50 000 fünfzigtausend
600 sechshundert	6 000 sechstausend	60 000 sechzigtausend
700 siebenhundert	7 000 siebentausend	70 000 siebzigtausend
800 achthundert	8 000 achttausend	80 000 achtzigtausend
900 neunhundert	9 000 neuntausend	90 000 neunzigtausend
1 000 (ein)tausend	10 000 zehntausend	100 000 (ein)hundert- tausend
		1 000 000 eine Million

From number twenty onwards you read the second digit
first, then add **und** followed by the first digit. With three
and four digit numbers you read the hundreds and thousands first.

21 **einundzwanzig**   *246* **zweihundertsechsundvierzig**

35 **fünfunddreißig**   *1 397* **eintausenddreihundertsiebenundneunzig**

Exercise 2

Write in the
numbers:

1. siebenunddreißig

....

2. zweiundvierzig

....

3. neunundneunzig

....

4. achthundertsiebenundsechzig

....

5. neunhundertsiebenundachtzigtausend-
einhundertsechs

....

Time

Wie spät ist es? / Wie viel Uhr ist es?
What time is it?

Everyday language (informal)	**On the radio and television** (formal)
8.00 *acht Uhr*	*acht Uhr*
8.15 *Viertel nach acht /* *fünfzehn Minuten nach acht*	*acht Uhr fünfzehn*

8.20 *zwanzig nach acht*   *acht Uhr zwanzig*

8.30 *halb neun*   *acht Uhr dreißig*

8.35 *fünf nach halb neun /*   *acht Uhr fünfunddreißig*
     fünfundzwanzig Minuten vor neun

8.45 *Viertel vor neun /*   *acht Uhr fünfundvierzig*
     fünfzehn Minuten vor neun

die Sekunde	second	*die Sekunden (Pl.)*	seconds
die Minute	minute	*die Minuten (Pl.)*	minutes
die Stunde	hour	*die Stunden (Pl.)*	hours

You say **ein Uhr**, but **halb eins** and **Viertel vor eins**.

**Write out the
time of the day
in full *(informal
and formal)*:**

Exercise 3

1. 9.15 .... /

....

2. 12.30 .... /

....

3. 4.45 .... /

....

4. 8.10 .... /

....

5. 6.25 .... /

....

Time of day

Heute Abend *feiern wir.*   We are giving a party tonight.
Nachmittags *beginnt der*   The lesson begins at 1.30 in
Unterricht um 13.30 Uhr.   the afternoon. ▶

am Morgen	in the morning (early)
morgens	every morning (early)
am Vormittag	in the morning
vormittags	every morning
am Nachmittag	in the afternoon
nachmittags	every afternoon
am Abend	in the evening
abends	in the evening
heute Morgen	this morning (early)
heute Vormittag	this morning
heute Nachmittag	this afternoon
heute Abend	this evening

Days of the week

am Montag	on Monday	*montags*	every Monday
am Dienstag	on Tuesday	*dienstags*	every Tuesday
am Mittwoch	on Wednesday	*mittwochs*	every Wednesday
am Donnerstag	on Thursday	*donnerstags*	every Thursday
am Freitag	on Friday	*freitags*	every Friday
am Samstag	on Saturday	*samstags*	every Saturday
am Sonntag	on Sunday	*sonntags*	every Sunday

morgens = *jeden Morgen* = *immer am Morgen*
every morning
freitags = *jeden Freitag* = *immer am Freitag*
every Friday
In southern Germany people usually say **Samstag** and
samstags, whereas in northern Germany people usually
say **Sonnabend** and **sonnabends**.

Days of the week and the time of the day are masculine.
Exception: **die** *Nacht* (night).

Word order with time words

Time words are often at the beginning of the sentence.
In this case the position of the subject and the verb changes.

Der Unterricht   *beginnt*   **um acht Uhr.**
Um acht Uhr   *beginnt*   **der Unterricht.**

When the time words are at the end of the sentence, the
position of the subject and the verb stays the same.

Complete the
sentences with
samstags, **morgens**,
mittags, **abends** or
nachts:

1. .... schläft Peter immer bis
   8.00 Uhr.

2. .... macht er immer eine Pause.

3. Nicole geht .... immer früh
   ins Bett.

4. Sie trinkt .... nicht Kaffee.
   Sie kann sonst .... nicht schlafen.

5. .... schließen die Geschäfte
   um 16.00 Uhr.

Exercise 4

Countries and nationalities

country		inhabitants	
		male	female
Afghanistan	Afghanistan	*der Afghane*	*die Afghanin*
Ägypten	Egypt	*der Ägypter*	*die Ägypterin*
Australien	Australia	*der Australier*	*die Australierin*
Bolivien	Bolivia	*der Bolivianer*	*die Bolivianerin*
China	China	*der Chinese*	*die Chinesin*
Dänemark	Denmark	*der Däne*	*die Dänin*
Deutschland	Germany	*der Deutsche*	*die Deutsche* ▶

England	England	*der Engländer*	*die Engländerin*
Finnland	Finland	*der Finne*	*die Finnin*
Frankreich	France	*der Franzose*	*die Französin*
Griechenland	Greece	*der Grieche*	*die Griechin*
Indien	India	*der Inder*	*die Inderin*
Israel	Israel	*der Israeli*	*die Israelin*
Italien	Italy	*der Italiener*	*die Italienerin*
Japan	Japan	*der Japaner*	*die Japanerin*
Mexiko	Mexico	*der Mexikaner*	*die Mexikanerin*
die *Nieder-lande (Pl.)*	the Nether-lands	*der Nieder-länder*	*die Nieder-länderin*
Norwegen	Norway	*der Norweger*	*die Norwegerin*
Polen	Poland	*der Pole*	*die Polin*
Portugal	Portugal	*der Portugiese*	*die Portugiesin*
Russland	Russia	*der Russe*	*die Russin*
Schweden	Sweden	*der Schwede*	*die Schwedin*
die *Schweiz*	Switzerland	*der Schweizer*	*die Schweizerin*
Spanien	Spain	*der Spanier*	*die Spanierin*
die *Türkei*	Turkey	*der Türke*	*die Türkin*
die Vereinigten Staaten *(Pl.)* = die USA	the United States of America	*der Amerika-ner*	*die Amerika-nerin*

The names of countries do not normally take an article.
Exception: feminine: **die** *Bundesrepublik Deutschland*
(the Federal Republic of Germany), **die** *Schweiz*
(Switzerland), **die** *Türkei* (Turkey)

masculine: **der** *Iran* (Iran), **der** *Irak* (Iraq)

plural: **die** *Niederlande* (the Netherlands),
die *USA* (**die** *Vereinigten Staaten von Amerika*)
(the United States of America)

Ich fahre in **die** *Schweiz, in* **die** *Türkei.* (**wohin?**)
I'm travelling to Switzerland, to Turkey. (where to?)

Ich fahre in **die** *Niederlande, in* **die** *USA.* (**wohin?**)
I'm travelling to the Netherlands, to the USA. (where to?)

but:
*Ich komme aus **der** Schweiz, aus **der** Türkei. (**woher?**)*
I come from Switzerland, from Turkey. (where from?)

*Ich komme aus **den** Niederlanden, aus **den** USA. (**woher?**)*
I come from the Netherlands, from the USA. (where from?)

Complete the sentences with the respective nationalities:

Exercise 5

1. Gail kommt aus den USA.

Sie ist ....

2. Gerard kommt aus Frankreich.

Er ist..

3. Danuta kommt aus Polen.

Sie ist ....

4. Ergün kommt aus der Türkei.

Er ist..

Look at the example and make sentences:

Exercise 6

Angelika – Deutschland – England
Angelika kommt aus Deutschland und fährt nach England.

1. Agne – Schweden – USA

....

2. Carlos – Spanien – Polen

....

3. John – England – Schweiz

....

4. David – Israel – Portugal

....

Article in the nominative: singular and plural

singular	definite article	indefinite article
masculine	*der Fernseher*	*ein Fernseher*
	the television	a television
neuter	*das Geschäft*	*ein Geschäft*
	the shop	a shop
feminine	*die Stunde*	*eine Stunde*
	the hour	an hour
plural		
masculine	***die** Fernseher*	*– Fernseher*
	the televisions	– televisions
neuter	***die** Geschäfte*	*– Geschäfte*
	the shops	– shops
feminine	***die** Stunden*	*– Stunden*
	the hours	– hours

Article in the accusative: singular and plural

singular	definite article	indefinite article
masculine	***den** Fernseher*	*ein**en** Fernseher*
	the television	a television
neuter	*das Geschäft*	*ein Geschäft*
	the shop	a shop
feminine	*die Stunde*	*eine Stunde*
	the hour	an hour
plural		
masculine	***die** Fernseher*	*– Fernseher*
	the televisions	– televisions
neuter	***die** Geschäfte*	*– Geschäfte*
	the shops	– shops

feminine   *die Stunden*   – *Stunden*
                 the hours   – hours

Note the plural of the articles. Definite article: *die* for masculine, feminine, neuter. Indefinite article: zero article.

Nouns: singular and plural

As there are no hard and fast rules on how to form the
plural of nouns, it is advisable to learn the article and the
plural along with the noun: *das Haus*, *die Häuser*.

• Note that *a*, *o*, *u* is usually *ä*, *ö*, *ü* in the plural:

der Apfel (Sg.)   *die Äpfel (Pl.)*
the apple   the apples

die Mutter (Sg.)   *die Mütter (Pl.)*
the mother   the mothers

der Vater (Sg.)   *die Väter (Pl.)*
the father   the fathers

1. singular   **plural**

das / ein Zimmer   *die / – Zimmer*
the / a room   the / – rooms

der / ein Kuchen   *die / – Kuchen*
the / a cake   the / – cakes

der / ein Apfel   *die / – Äpfel*
the / an apple   the / – apples

das / ein Mädchen   *die / – Mädchen*
the / a girl   the / – girls

das / ein Blümlein   *die / – Blümlein*
the / a little flower   the / – little flowers

Nouns with the ending *-er*, *-en*, *-el*, *-chen*, *-lein* are the
same in the singular and the plural.   ▶

2. singular

der / ein Brief	*die / – Briefe*
letter	letters
der / ein Abend	*die / – Abende*
evening	evening
das / ein Geschäft	*die / – Geschäfte*
shop	shops
der / ein Stuhl	*die / – Stühle*
chair	chairs

Many nouns take the plural ending *-e*.

3. singular

das / ein Kind	*die / – Kinder*
child	children
der / ein Mann	*die / – Männer*
man	men
das / ein Buch	*die / – Bücher*
book	books

One syllable neuter nouns and some masculine nouns take the plural ending *-er*.

4. singular

die / eine Stunde	*die / – Stunden*
hour	hours
die / eine Pause	*die / – Pausen*
break	breaks
die / eine Uhr	*die/ – Uhren*
clock	clocks

Nearly all feminine nouns ending in *-e* take the plural ending *-n*. Nearly all feminine nouns ending with a consonant take the plural ending *-en*.

5. singular

die / eine Oma
grandma

das / ein Auto
car

das / ein Taxi
taxi

das / ein Hotel
hotel

plural

*die / – Oma**s***
grandmas

*die / – Auto**s***
cars

*die / – Taxi**s***
taxis

*die / – Hotel**s***
hotels

Nouns with the ending *-a*, *-o*, *-i* and many foreign words take the plural ending *-s*.

Put the nouns in the plural:

1. Yuki hat zwei ....
(der Koffer)

2. Die Kursteilnehmer lesen ....
(das Buch)

3. Am Kiosk kann man ....

.... kaufen. (die Streifenkarte)

4. Yuki kauft ....
(der Apfel)

5. München und Köln sind große ....

.... (die Stadt)

Exercise 7

Abend, der, -e	evening	Begrüßung, die, -en	greeting
Abendessen, das	supper, evening meal	Begrüßungs- party, die, -s	(welcoming) party
Afghanistan	Afghanistan	Bibliothek, die, -en	library
alle	all		
Apfel, der, -"	apple	Bild, das, -er	picture
beginnen	to start		

Vocabulary

Blümlein, das, little flower
– *(Diminutiv)*
Blumen- flower shop
geschäft, das, -e
Bolivien Bolivia
Brief, der, -e letter
Bücherschrank, bookcase
der, -"e
Cafeteria, cafeteria
die, -s
danach afterwards
dauern to last
Deutschkurs, German
der, -e course
Deutschunter- German lan-
richt, der guage course
enden to finish
England England
Erdgeschoss, ground
das, -e floor
Essen, das, - meal
in: **das**
Abendessen
feiern *in:* to give a party
Party feiern
Foto, das, -s foto
Frankreich France
Freund, friend
der, -e
früh early
gehen to go
Geschäft, shop
das, -e
gerne *in:* if you like
gerne mit-
bringen
Guten Good
Morgen! morning

hängen to hang
heute today
im (= in dem) in the
Italien Italy
jeden every
kennen to get to
lernen know
Koffer, der, - suitcase
Kuchen, der, - cake
Kursteil- course
nehmer, der, - participant
machen to make
Marke, die, -n stamp
in: **Briefmarke,**
die, -n
Maschine, coffee
die, -n *in:* machine
Kaffeemaschine
mein Name ist my name is
mitbringen to bring
(with one)
Mittagspause, lunch break
die, -n
Morgen, der, - morning
morgens every
morning
Nachmittag, afternoon
der, -e
Nacht, die, -"e night
nachts every night
nachmittags every afternoon
noch *in:* **noch** still
Zeit haben
Pause, die, -n break
Polen Poland
Raum, der, -"e room
reservieren to reserve

schlafen	to sleep	**Unterricht,**	lessons
schließen	to close	**der**	
Schule, die, -n	school	**Video,**	video
sonst	otherwise	**das, -s**	
Spanien	Spain	**Videoraum,**	video room
Sprachlabor,	language lab	**der, -"e**	
das, -e		**Viertel,**	quarter
Stadtzentrum,	city centre	**das, -**	
das, Stadt-		**von** *in:*	from … until
zentren		**von … bis**	
Stuhl, der, -"e	chair	**Vormittag,**	morning
Stunde, die, -n	hour	**der, -e**	
Stundenplan,	timetable	**vormittags**	every
der, -"e			morning
Teilnehmer,	participant	**werktags**	on weekdays
der, -		**wie lange?**	how long?
Uhr, die, -en	clock	**wie spät**	what time is
um *in:*	at	**ist es?**	it?
um 8 Uhr		**wie viel Uhr**	what time is
Umschlag,	envelope	**ist es?**	it?
der, -"e		**woher?**	where from?
in: **Brief-**		**Wort,**	word
umschlag,		**das, -"er**	
der, -"e		**Zeit, die, -en**	time

Opening hours Department stores and most of the large shops in big cities are open from Monday to Friday until 8 p.m., on Saturdays until 4 p.m., but on the four Saturdays before Christmas until 6 p.m. Specialist shops open between 9 a.m. and 10 a.m. Small shops and shops in small towns usually close at 6 p.m. On Sundays, only a few bakers and florists are open in the morning; some cake shops are also open in the afternoon. Outside opening hours you can buy drinks, newspapers and a limited selection of food at filling stations and main railway stations.

Das Postamt

Yuki möchte einen Brief und eine Postkarte aufgeben.

Yuki: Was kostet dieser Brief nach Japan?

Beamter: Per Luftpost?

Yuki: Ja bitte.

Beamter: Einen Moment. Ich muss ihn wiegen. Der Brief wiegt 60 Gramm. Das macht 5,11 Euro.

Yuki: Das ist aber teuer!

Beamter: Möchten Sie Sondermarken?

Yuki: Ja bitte. Ich möchte zwei Sondermarken zu drei Euro.

Beamter: Tut mir Leid. Ich habe nur Sondermarken zu 1,50 Euro.

Yuki: Dann nehme ich fünf Sondermarken zu 1,50 Euro. Diese Postkarte möchte ich in die Schweiz schicken.

Beamter: Für eine Postkarte in die Schweiz brauchen Sie eine Briefmarke für 0,51 Euro. Das macht zusammen 8,01 Euro. Zehn Euro. Dann bekommen Sie noch 1 Euro und 99 Cent zurück. Bitte schön.

Yuki: Ich möchte noch Geld umtauschen. 100 000 Yen in Euro.

Beamter: Gerne. 100 000 Yen, das macht 793 Euro. Wie möchten Sie das Geld haben? Drei Hunderter, zwei Zweihunderter und einen Fünfziger, vier Zehner, den Rest in Münzen?

Yuki: Einen Fünfhunderter und zwei Hunderter, einen Fünfziger, vier Zehner, den Rest in Münzen, bitte.

The post office

Yuki wants to send a letter and a postcard.

Yuki: How much does it cost to send this letter to Japan?

Post office clerk: By airmail?

Yuki: Yes, please.

Post office clerk: Just a moment, please. I'll have to weigh it. The letter weighs 60 grammes. That's 5 euros and 11 cents.

Yuki: That's rather expensive.

Post office clerk: Do you want commemorative stamps?

Yuki: Yes, please. I'd like two 3-euro commemorative stamps.

Post office clerk: I'm sorry. I've only got 1.50-euro commemorative stamps.

Yuki: Then I'll take five 1.50-euro commemorative stamps. I want to send this postcard to Switzerland.

Post office clerk: You need a 51-cent stamp for a postcard to Switzerland. That's 8.01 euros altogether. Ten euros. And 1.99 euros change. Here you are.

Yuki: I also want to change some money. 100 000 Yen into euros.

Post office clerk: Certainly, madam. 100 000 yen, that makes 793 euros. How would you like the money? Three 100-euro notes, two 200-euro notes and one 50-euro note, four 10-euro notes, the rest in coins?

Yuki: One 500-euro note and two 100-euro notes, one 50-euro note, four 10-euro notes, the rest in coins, please.

Particle aber

Das ist **aber** teuer!	That's rather expensive.
Du hast **aber** Glück!	You are really lucky.

The particle **aber** expresses surprise and astonishment.

Demonstrative pronoun: nominative and accusative

A demonstrative pronoun: **dieser** is used to refer to a particular object.
Demonstrative pronouns are declined in the same way as the definite article.

	singular			plural
	masculine	neuter	feminine	
nominative	dieser	dieses	diese	diese
	(der)	(das)	(die)	(die)
accusative	diesen	dieses	diese	diese
	(den)	(das)	(die)	(die)

Note that in the accusative only the masculine form changes from **dieser** to **diesen**:
Yuki möchte **diesen** Brief, **dieses** Telegramm und **diese** Postkarte aufgeben. (accusative singular)
In the nominative and accusative plural the forms stay the same: **diese**.
Yuki möchte **diese** Briefe, **diese** Telegramme und **diese** Postkarten aufgeben. (accusative plural)

Yuki goes shopping. Look at the example and form sentences:

das Brot:
Ich möchte dieses Brot.
Was kostet dieses Brot?

Exercise 1

1. der Käse: ....

....

2. die Wurst: ....

....

3. die Milch: ....

....

4. das Bier: ....

....

5. der Honig: ....

....

Alcohol is always masculine. Exception: ***das Bier***

| *der Wein* | wine | *der Cognac* | brandy |
| *der Champagner* | champagne | *der Whiskey* | whiskey |

Personal pronoun: nominative and accusative

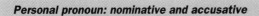

Nehmen Sie diesen Wein?	*Ja, ich nehme **ihn**.*
Are you taking this wine?	Yes, I am.
Kennen Sie diese Frau?	*Ja, ich kenne **sie**.*
Do you know this woman?	Yes I do.
Lesen Sie dieses Buch?	*Ja, ich lese **es**.*
Are you reading this book?	Yes, I am.

▶

singular		plural	
nominative	accusative	nominative	accusative
ich	*mich*	*wir*	*uns*
du	*dich*	*ihr*	*euch*
Sie	*Sie*	*Sie*	*Sie*
er	*ihn*	*sie*	*sie*
sie	*sie*		
es	*es*		

Exercise 2

Replace the underlined words by a personal pronoun:

Was kostet <u>diese Schokolade</u>?
Was kostet sie?

1. Ich möchte <u>diesen Champagner</u>.

....

2. Wohin geht <u>Frau Glück</u>?

....

3. Yuki trifft <u>Franz</u>.

....

4. Yuki trifft <u>Hans und Franz</u>.

....

5. Wo wohnt <u>Herr Müller</u>?

....

Year

You write: *2003*
You say: *zweitausenddrei*

You write: *1812*
You say: *achtzehnhundertzwölf*

Money

You write: *1,50 € or € 1,50*
You say: *ein Euro fünfzig*

You write: *0,50 € or € 0,50*
You say: *fünfzig Cent*

For notes you say:

ein Fünfer	or	*ein 5-Euro-Schein*
ein Zehner	or	*ein 10-Euro-Schein*
ein Zwanziger	or	*ein 20-Euro-Schein*
ein Fünfziger	or	*ein 50-Euro-Schein*
ein Hunderter	or	*ein 100-Euro-Schein*
ein Zweihunderter	or	*ein 200-Euro-Schein*
ein Fünfhunderter	or	*ein 500-Euro-Schein*

Look at the
example and
fill in the sums
of money in words:

€ 12,93
zwölf Euro und dreiundneunzig Cent

Exercise 3

1. € 4,68 ....

....

2. € 18,17 ....

....

3. € 127,15 ....

....

4. € 1 345,11 ....

....

5. € 10 699,30 ....

....

6. € 216 222,99 ....

....

Telephone numbers and postcodes

You write: *089 / 62 30 84 13*
You say: *null acht neun sechs zwo drei null acht vier eins
            drei*
or   *null acht neun zwoundsechzig dreißig vierund-
            achtzig dreizehn*

You write: *80805 München*
You say: *achtzig achtzig fünf München*

On the telephone you often say *zwo* instead of *zwei*.

**Which number
or numbers are
correct?**

1. Tel.: 6 42 66
   a sechshundertzweiundvierzigsechs-
      undsechzig
   b sechs vier zwo sechs sechs
   c sechs zwoundvierzig sechsundsechzig

2. Jahreszahl 1996
   a neunzehnhundertsechsundneunzig
   b eintausendneunhundertsechsund-
      neunzig
   c neunzehn sechsundneunzig

3. € 1275,–
   a tausendzweihundertfünfundsiebzig
      Euro
   b eintausendzweihundertfünfundsiebzig
      Euro
   c eintausendzweihundertsiebenund-
      fünfzig Euro

Add the correct noun plus article:

die Postkarte, die Telefonzelle, die Adresse, die Briefmarke, der Briefkasten, das Paket, der Briefumschlag, der Briefträger

1. ....   5. ....

2. ....   6. ....

3. ....   7. ....

4. ....   8. ....

Adresse, die, -n	address	Brot, das, -e	bread
aufgeben *in*: eine Postkarte aufgeben	to send	Champagner, der	champagne
bekommen *in*: Geld zurück- bekommen	to get back	Cognac, der, -s	brandy
		dann	then
		das macht	that makes
		dieser, -e, -es	this
Bier, das, -e	beer	diese *(Pl.)*	these
Briefkasten, der, -"	letter box	einkaufen	to buy
		Ende, das, -en	end
Briefträger, der, -	postman	Fall, der, -"e	fall

Fünfhunderter, der, -	500-euro note	schicken	to send
Fünfziger, der, -	50-euro note	Sondermarke, die, -n	commemorative stamp
Gramm, das, -	gramme	Telefon, das, -e	telephone
Honig, der	honey	Telefonzelle, die, -n	telephone box
Hunderter, der, -	100-euro note	Telegramm, das, -e	telegram
Jahreszahl, die, -en	year	teuer	expensive
Käse, der	cheese	tut mir Leid	I'm sorry
kosten	to cost	umtauschen	to change
lesen	to read	Wein, der, -e	wine
Moment, der, -e	moment	Whiskey, der, -s	whiskey
Paket, das, -e	parcel	wiegen	to weigh
per Luftpost	by airmail	Wurst, die, -"e	cold meat
Porto, das, -s	postage	Yen, der, -	yen
Post, die	post	Zehner, der, -	10-euro note
Postamt, das, -"er	post office	zurück	back
Postkarte, die, -n	postcard	zusammen	altogether
Postleitzahl, die, -en	postcode	Zwanziger, der, -	20-euro note
Schein, der, -e	bank note	Zweihunderter, der, -	200-euro note

Post office   In Germany you can not only send
                   letters, parcels and telegrams, and
                   transfer and change money, but also
buy phonecards, use the telephone and send a fax. The
post office has now also taken over many of the functions
of a bank.

Postcodes   German postcodes have five numbers.
                 They are written in front of the place
                 name, for example 81379 München.
Every town has a different postcode and in big cities there
are a number of postcodes.

Currency   There are a 100 cents in a euro, € for
                short. There are one-, two-, five-, ten-,
                twenty and fifty-cent coins as well as
one- and two-euro coins.

Test 1

1 Choose one of the two possible solutions. Then go to the square showing the number of the solution you think is correct.

2 Er ... aus Deutschland.

kommt ⇨ 8
kommen ⇨ 15

6 Wrong!

Go back to number 8.

7 Wrong!

Go back to number 4.

11 Wrong!

Go back to number 29.

12 Very good, continue:
Was ... Sie trinken?

möchten ⇨ 16
möchtest ⇨ 24

16 Good. Carry on:

... Geld kann man nichts kaufen.
Ohne ⇨ 22
Mit ⇨ 18

17 Wrong!

Go back to number 22.

21 Sorry!

Go back to number 13.

22 Correct!

Yuki kauft zwei ... .
Briefmarke ⇨ 17
Briefmarken ⇨ 19

26 Wrong!

Go back to number 30.

27 Good. Next one:

München und Berlin sind große ... .
Stadt ⇨ 23
Städte ⇨ 12

3 Wrong!

Go back to number 5.

4 Good, continue:

Yuki trinkt ... Tee.
einen ⇨ 20
eine ⇨ 7

5 Correct, continue:

... ist das? Das ist Yuki.
Was ⇨ 3
Wer ⇨ 13

8 Correct, continue:

Yuki ... die U-Bahn.
nehme ⇨ 6
nimmt ⇨ 25

9 Wrong!

Go back to number 25.

10 Sorry!

Go back to number 14.

13 Correct! Continue:
Yuki ... in die Stadt fahren.
willst ⇨ 21
will ⇨ 29

14 Very good. Next question:

... ist die Haltestelle?
Wohin ⇨ 10
Wo ⇨ 30

15 Wrong!

Go back to number 2.

18 Wrong!

Go back to number 16.

19 Correct!

End of exercise.

20 Well done! Next question:

Was kostet ... Brot?
dieses ⇨ 5
diese ⇨ 28

23 Wrong!

Go back to number 27.

24 Wrong!

Go back to number 12.

25 Very good. Go on:

16 = ...
sechzehn ⇨ 14
sechszehn ⇨ 9

28 Wrong!

Go back to number 20.

29 Well done, continue:

Ich fahre in ... Schweiz.
das ⇨ 11
die ⇨ 27

30 Correct. Go on:
... schlafe
ich immer bis acht Uhr.

Mittags ⇨ 26
Morgens ⇨ 4

6 Im Kaufhaus

Frau Glück und Yuki wollen einen Einkaufsbummel machen.
Yuki möchte einen hellen Mantel, ein Paar schwarze Schuhe
und vielleicht ein hübsches Kleid kaufen.

Yuki:	Wohin sollen wir gehen?
Frau Glück:	Am besten gehen wir in ein großes Kaufhaus im Stadtzentrum. Da kann man günstig einkaufen.

Frau Glück und Yuki sind im Kaufhaus.

Frau Glück:	Gehen wir zuerst in den ersten Stock in die Abteilung für Damenbekleidung. Da finden wir sicher ein hübsches Kleid und einen neuen Mantel für Sie.
Yuki:	Das ist eine gute Idee.
Verkäuferin:	Kann ich Ihnen helfen?
Yuki:	Ja, gerne. Ich suche ein rotes Sommerkleid.
Verkäuferin:	Welche Größe haben Sie?
Yuki:	Größe 36.
Verkäuferin:	In Größe 36 haben wir eine große Auswahl. Bitte kommen Sie.

Yuki sucht und findet ein hübsches Kleid.

Yuki:	Dieses Kleid ist sehr hübsch. Kann ich es anprobieren?

Verkäuferin: Natürlich! Die Umkleidekabine da drüben
                ist frei.
Yuki: Dieses Kleid passt sehr gut. Es ist nicht zu
                lang und nicht zu eng. Die Farbe ist wun-
                derschön. Ich glaube, ich nehme es.
Verkäuferin: Gerne. Brauchen Sie sonst noch etwas?
Yuki: Ja. Ich suche noch einen hellen, schicken
                Sommermantel. Wo finde ich Sommer-
                mäntel?
Verkäuferin: Gleich da drüben. Kommen Sie, bitte.
Yuki sucht und findet einen hellen Sommermantel.
Verkäuferin: Brauchen Sie sonst noch etwas?
Yuki: Ja, ich brauche noch ein Paar schwarze
                Schuhe.
Verkäuferin: Gehen Sie in den dritten Stock. Da ist die
                Schuhabteilung Sie können dann alles im
                vierten Stock bezahlen. Da ist die Sammel-
                kasse.
Yuki: Vielen Dank für Ihre Hilfe!
An der Sammelkasse.
Kassiererin: Bezahlen Sie in bar oder mit EC-Karte?
Yuki: Kann ich mit Kreditkarte zahlen?
Kassiererin: Selbstverständlich. …

In a department store

*Mrs Glück and Yuki want to look around the shops. Yuki would like to buy
a light-coloured coat, a pair of black shoes and possibly a pretty dress.*
Yuki: Where are we going then?
Mrs Glück: The best thing is for us to go to a large department
                store in the city centre. Things are reasonably cheap
                there.
Mrs Glück and Yuki are in the department store.
Mrs Glück: Let's go first to the ladies' fashion department on the
                first floor. There we're sure to find a pretty dress and a
                new coat for you.
Yuki: That's a good idea.
Shop assistant: Can I help you?   ▶

Yuki:	Yes, please. I'm looking for a red summer dress.
Shop assistant:	What size are you?
Yuki:	Size 36.
Shop assistant:	There is a wide selection in size 36. Please, come with me.

Yuki looks for and finds a pretty dress.

Yuki:	This dress is very pretty. Can I try it on?
Shop assistant:	Of course. The changing room over there is free.
Yuki:	This dress fits me perfectly. It's not too long and not too tight. It's a beautiful colour. I think I'll take it.
Shop assistant:	Certainly. Is there anything else you need?
Yuki:	Yes, I'm also looking for a smart, light coloured summer coat. Where can I find summer coats?
Shop assistant:	Just over there. Come this way, please.

Yuki looks for and finds a light-coloured summer coat.

Shop assistant:	Is there anything else you need?
Yuki:	Yes, I also need a pair of black shoes.
Shop assistant:	Go to the third floor. The shoe department is there. Then you can pay for everything on the fourth floor. The main cash desk is there.
Yuki:	Thank you very much for your help.

At the main cash desk.

Cashier:	Are you paying in cash or by EC card?
Yuki:	Can I use my credit card?
Cashier:	Of course. …

Adjective after sein

*Dieses Kleid ist **hübsch**.*   This dress is pretty.

Nouns can be qualified by adjectives.

Note that when the adjective comes after the verb **sein**, it is not declined.

Exercise 1

Look at the example and make sentences using a suitable adjective:

hell   hübsch   groß   schwer   günstig

Kleid   *Das Kleid ist günstig.*

Zimmer   **1.** ....

....

Kaufhaus **2.** ....

....

Mantel **3.** ....

....

Brief **4.** ....

....

Adjective following the definite article: nominative and accusative

singular nominative

masculine	der	hell*e*	Mantel	dieser	hell*e*	Mantel
neuter	das	bunt*e*	Hemd	dieses	bunt*e*	Hemd
feminine	die	weiß*e*	Bluse	diese	weiß*e*	Bluse

accusative

masculine	den	hell*en*	Mantel	diesen	hell*en*	Mantel
neuter	das	bunt*e*	Hemd	dieses	bunt*e*	Hemd
feminine	die	weiß*e*	Bluse	diese	weiß*e*	Bluse

plural nominative

masculine	die	hell*en*	Mäntel	diese	hell*en*	Mäntel
neuter	die	bunt*en*	Hemden	diese	bunt*en*	Hemden
feminine	die	weiß*en*	Blusen	diese	weiß*en*	Blusen

accusative

masculine	die	hell*en*	Mäntel	diese	hell*en*	Mäntel
	die	bunt*en*	Hemden	diese	bunt*en*	Hemden
	die	weiß*en*	Blusen	diese	weiß*en*	Blusen

Note that adjectives after **der** and **dieser** in the nominative singular always take the ending -*e*, in accusative singular masculine the ending -*en*, in accusative singular neuter and feminine the ending -*e*. In the plural all the endings are the same: -*en*.

Adjective following the indefinite article:
nominative and accusative

singular nominative
masculine *ein / kein*   *heller*   *Mantel*
neuter   *ein / kein*   *buntes*   *Hemd*
feminine   *eine / keine*   *weiße*   *Bluse*

accusative
masculine *einen / keinen* *hellen*   *Mantel*
neuter   *ein / kein*   *buntes*   *Hemd*
feminine   *eine / keine*   *weiße*   *Bluse*

plural nominative
masculine *- / keine*   *helle*   *Mäntel*
neuter   *- / keine*   *bunte*   *Hemden*
feminine   *- / keine*   *weiße*   *Blusen*

accusative
masculine *- / keine*   *helle*   *Mäntel*
neuter   *- / keine*   *bunte*   *Hemden*
feminine   *- / keine*   *weiße*   *Blusen*

Note that adjectives after the indefinite article *ein* in the
nominative singular end in: masculine *-er*, neuter *-es*, feminine *-e*. In the accusative singular in both neuter and feminine, adjectives take the same endings as in the nominative,
the masculine form only ending in *-en*.
In the plural there is no indefinite article. All adjectives end
in *-e*.

The negative of *ein: kein* is also declined like an indefinite
article. In contrast to *ein*, *kein* also exists in the plural.

Look at the
example and
make sentences:

ein Kleid (hübsch)
Yuki will ein hübsches Kleid.

1. ein Buch (neu)

Yuki möchte ....

2. ein Fahrrad (günstig)

Yuki braucht ....

3. eine Bluse (weiß)

Yuki sucht ....

4. eine Idee (gut)

Yuki hat ....

5. eine Zeitung (neu)

Yuki braucht ....

Match the words to the pictures:

der Regenschirm, **die Handtasche**, **der Aktenkoffer**, **die Bluse**,
der Rock, **die Strumpfhose**, **die Schuhe**, **der Hut**, **das Halstuch**,
das Hemd, **die Hose**, **das Jackett**, **die Krawatte**

Exercise 4

Match the following sentences:

1. Kann ich Ihnen helfen?

2. Brauchen Sie sonst noch etwas?

3. Welche Größe haben Sie?

4. Wie möchten Sie zahlen?

5. Wo ist eine freie Umkleidekabine?

a Mit Kreditkarte, bitte.

b Gleich da drüben.

c Ja gerne. Ich suche einen Regenschirm.

d Nein danke. Das ist alles.

e Ich habe Größe 38.

Vocabulary

Abteilung, die, -en	department	**Anzug, der, -"e**	suit
Aktenkoffer, der, -	briefcase	**Auswahl, die**	selection
alles	everything	**bar** *in:* in bar	in cash
anprobieren	to try on	**bezahlen**	to pay for
		blau	blue

Bluse, die, -n	blouse	Hemd, das, -en	shirt
Brauchen Sie sonst noch etwas?	Is there anything else you need?	Hilfe, die, -n	help
		Hose, die, -n	trousers
braun	brown	hübsch	pretty
bunt	coloured	Hut, der, -"e	hat
da drüben	over there	Idee, die, -n	idea
dann	then	Jackett, das, -s	jacket
Damen-bekleidung, die	ladies' fashions	Kann ich Ihnen helfen?	Can I help you?
EC-Karte, die, -n	EC card	Kaufhaus, das, -"er	department store
Einkaufs-bummel, der	look around the shops	Kleid, das, -er	dress
eng	tight	Krawatte, die, -n	tie
erster Stock	first floor	Kreditkarte, die, -n	credit card
Fahrrad, das, -"er	bike	kurz	short
		lang	long
Farbe, die, -n	colour	Mantel, der, -"	coat
finden	to find	natürlich!	of course
frei	free	nett	nice
gerne in: ja gerne	yes, please	neu	new
		Paar, das, -e	pair
glauben	to think	passen	to fit
gleich da drüben	just over there	Regenschirm, der, -e	umbrella
Größe, die, -n	size	Rock, der, -"e	skirt
grün	green	rot	red
günstig	reasonably priced	Sammelkasse, die, -n	main cash desk
gut	good	schick	smart
Halstuch, das, -"er	scarf	Schuh, der, -e	shoe
		Schuhabtei-lung, die, -en	shoe department
Handtasche, die, -n	handbag	schwarz	black
helfen	to help	schwer	heavy
		sehr	very

selbstverständ- **lich**	of course	**vielen Dank**	thank you very much
Sommerkleid, **das, -er**	summer dress	**Vielen Dank** **für Ihre Hilfe!**	Thank you very much for your help.
Sommer- **mantel, der, -"**	summer coat		
sonst *in:* **sonst** **noch etwas**	anything else	**vielleicht**	possibly
		vierter Stock	fourth floor
Stock, der, **Stockwerke** *(Pl.)*	floor	**weiß**	white
		Wintermantel, **der, -"**	winter coat
Strumpfhose, **die, -n**	tights	**wunderschön**	beautiful
		zahlen	to pay
suchen	to look for	**Zeitung,** **die, -en**	newspaper
Umkleide- **kabine, die, -n**	changing room		
Verkäuferin, **die, -nen**	shop assistant	**zuerst**	first

Methods of payment

You can pay with Eurocheques, or with an EC card in most large department stores, in high-class restaurants and in restaurants which cater for tourists. At some filling stations there is an extra charge if you pay by cheque. In small restaurants and shops you should always ask if they accept credit cards.

Einladung zum Essen

Yuki kommt nach Hause. Frau Glück hat einen Brief für sie.
Yuki macht den Brief auf. Sie liest:

> *Einladung zum Abendessen*
> *am Samstag, den 1. April um 19.30 Uhr*
> *bei Familie Gebhardt.*
>
> *U. A. w. g.*
> *Gabi und Johannes Gebhardt*

Yuki:	Das ist aber nett! Aber wer ist denn die Familie Gebhardt?
Frau Glück:	Frau Gebhardt ist eine Kollegin. Herrn Gebhardt kenne ich auch. Sie sind ein nettes Ehepaar. Frau Gebhardt ist übrigens eine ausgezeichnete Köchin und Herr Gebhardt ein Weinkenner.
Yuki:	Das klingt gut. Ich nehme die Einladung an. Aber was ziehe ich bloß an?
Frau Glück:	Vielleicht das hübsche rote Kleid. Machen Sie sich schick!

Yuki: Etwas verstehe ich nicht. Was heißt
U. A. w. g.?

Frau Glück: Um Antwort wird gebeten. Ich rufe Frau
Gebhardt an und sage zu.

Yuki: Was bringen wir denn mit?

Frau Glück: Wir kaufen am besten einen Blumenstrauß
und eine Flasche Wein.

*Am Samstagabend sind Frau Glück und Yuki bei Familie
Gebhardt. Herr Gebhardt bietet einen Aperitif an.*

*Herr
Gebhardt:* Möchten Sie einen Sherry?

Yuki: Ja, gerne!

*Herr
Gebhardt zu
Frau Glück:* Angelika, nimmst du auch einen Sherry?

Frau Glück: Ja, bitte.

Herr Gebhardt erhebt sein Glas.

*Herr
Gebhardt:* Auf die Gäste. Zum Wohl!

Yuki: Ich möchte mich für die freundliche Einladung bedanken.

*Frau
Gebhardt:* Das Essen ist fertig. Wollen wir uns an den
Tisch setzen?

Frau Glück: Was gibt's denn Gutes?

*Frau
Gebhardt:* Wiener Schnitzel mit Kartoffelsalat.
Bitte bedienen Sie sich!

Rezept: Wiener Schnitzel

Zutaten für vier Personen:
4 dünne Schnitzel, Salz und Pfeffer, Mehl, 1 Eigelb, Semmelbrösel,
1 Tasse Öl, 1 Bund Petersilie, ½ Zitrone

Das Fleisch mit Salz und Pfeffer würzen. Zuerst in Mehl, danach in
Eigelb und Semmelbröseln wenden. In heißem Öl knusprig backen.
Die Schnitzel gut abtropfen lassen und mit Petersilie und Zitronen-
scheiben garnieren.

Rezept: Kartoffelsalat

Zutaten für vier Personen:
1 kg Kartoffeln, 1 Tasse Fleischbrühe, 2–4 Esslöffel Öl,
1 Esslöffel Essig, 1 kleine Zwiebel, Salz und Pfeffer

Die gekochten, warmen Kartoffeln schälen und in Scheiben schneiden.
Öl, Essig, warme Fleischbrühe und die Gewürze zugeben. Vorsichtig
mischen und ziehen lassen.

Invitation to dinner

*Yuki comes home. Mrs Glück has got a letter for her. She opens the letter
and reads it:*

> The Gebhardt family invites you to dinner
> on Saturday, 1st April at 7.30 p.m.
>
> R. S. V. P.
> Gabi and Johannes Gebhardt

Yuki:	That's very nice. But who are the Gebhardts?
Mrs Glück:	Mrs Gebhardt is a colleague from work. Mr Gebhardt, I know, too. They are a nice couple. Mrs Gebhardt is an excellent cook and Mr Gebhardt is a wine connoisseur.
Yuki:	That sounds good. I'll accept the invitation. But what on earth shall I wear?
Mrs Glück:	Perhaps the pretty red dress. Wear something really smart!
Yuki:	There is something I don't understand. What does R. S. V. P. mean?
Mrs Glück:	Respondez s'il vous plaît – Please reply. – I'll ring Mrs Gebhardt and accept the invitation.
Yuki:	What shall we take with us?
Mrs Glück:	I think we should buy a bunch of flowers and a bottle of wine.

On Saturday evening Mrs Glück and Yuki are at the Gebhardts.
Mr Gebhardt offers them an aperitif.

Mr Gebhardt:	Would you like a sherry?
Yuki:	Yes, please.
Mr Gebhardt zu	
Mrs Glück:	Angelika, would you like a sherry, too?

Mrs Glück: Yes, please.
Mr Gebhardt raises his glass.
Mr Gebhardt: To our guests. To your health!
Yuki: I'd like to thank you very much for the kind invitation.
Mrs Gebhardt: The meal's ready. Shall we sit down at the table?
Mrs Glück: Have you cooked something nice for us tonight?
Mrs Gebhardt: Wiener schnitzel and potato salad. Please, help your-
                  selves!

Recipe: Wiener Schnitzel

Ingredients for four persons:
Four thin pieces of veal, salt and pepper, flour, one egg yolk, bread
crumbs, one cup of oil, a sprig of parsley, half a lemon.

Season the meat with salt and pepper, coat in flour, then in the egg yolk
and in bread crumbs. Fry in hot oil until crisp. Remove excess fat from
the schnitzel and garnish with parsley and lemon slices.

Recipe: potato salad

Ingredients for four persons:
One kilo of potatoes, 1 cup of stock, 2–4 tablespoons of oil, 1 table-
spoon of vinegar, 1 small onion, salt and pepper.

Peel the boiled potatoes when warm and cut into slices. Add oil, vinegar, warm stock and seasoning. Mix carefully and let it stand.

Particles nur and bloß

*Was ziehe ich **bloß** an?*   What on earth shall I wear?
*Was ziehe ich **nur** an?*   What shall I wear then?

The particles **bloß** and **nur** in questions mean that the
person speaking is not sure what to do.

Separable and inseparable verbs

Verbs with Prefixes

Prefixes change the meaning of a verb.

kommen: *Yuki kommt aus Japan.*
to come: Yuki comes from Japan.

bekommen: Yuki bekommt eine Einladung.
to get: Yuki gets an invitation.

ankommen: Yuki kommt in Deutschland an.
to arrive: Yuki arrives in Germany.

There are separable and inseparable verbs.

The most important inseparable prefixes are:

be-	bezahlen	to pay
emp-	empfehlen	to recommend
ent-	entscheiden	to decide
er-	erklären	to explain
ge-	gefallen	to like
ver-	versuchen	to try
zer-	zerstören	to destroy

Inseparable prefixes are not stressed.

The most important separable prefixes are:

ab-	abholen	to pick up
an-	anrufen	to ring up
auf-	aufmachen	to open
aus-	ausfüllen	to fill in
ein-	einkaufen	to buy
mit-	mitbringen	to take with
vor-	vorbereiten	to prepare
weg-	weggehen	to go away
zu-	zusagen	to accept
zurück-	zurückkommen	to come back

▶

In statements and questions the separable prefixes are at the end of the sentence.

anrufen: *Frau Glück* **ruft** *Frau Gebhardt* **an**. to ring
zusagen: *Yuki* **sagt** *Familie Gebhardt* **zu**.   to accept

In sentences with modal verbs the verb comes at the end. The prefix must not be separated.
Frau Glück will Frau Gebhardt **anrufen**.
Frau Glück wants to ring Frau Gebhardt.

Exercise 1

Look at the example and make sentences with separable verbs:

den Brief / Yuki / abholen /.
Yuki holt den Brief ab.

1. Yuki / ausgehen / heute Abend / .

....

2. diesen / müssen / Sie / Antrag / ausfüllen / .

....

3. was / ich / Abend / heute / anziehen / ?

....

4. ich / Ihnen / darf / was / anbieten / ?

....

5. Regenschirm / ich / den / mitnehmen / .

....

6. Yuki / Einladung / annehmen / die / .

....

Reflexive verbs

Some verbs can or must take a reflexive pronoun.

sich schick machen: **Machen** Sie **sich schick**!
Wear something really smart.

sich bedanken: Ich **bedanke mich** für die Einladung.
I'd like to thank you for the invitation.

sich bedienen: **Bitte bedienen** Sie **sich**!
Please help yourselves.

further examples:

sich amüsieren	to enjoy oneself
sich freuen	to be pleased
sich ärgern	to get angry
sich setzen	to sit down
sich bewerben	to apply for
sich vorstellen	to introduce oneself
sich duschen	to have a shower

sich bedanken to thank someone for

ich	bedanke	**mich**	*wir*	bedanken	**uns**
du	bedankst	**dich**	*ihr*	bedankt	**euch**
Sie	bedanken	**sich**	*Sie*	bedanken	**sich**
er / sie / es	bedankt	**sich**	*sie*	bedanken	**sich**

Note that the declination of the reflexive pronoun is the same as the personal pronouns in the accusative.

Exception: **sich** is always used in the polite form **Sie** (singular and plural) as well as in the 3rd person singular **er** / **sie** / **es** and 3rd person plural **sie**.

Exercise 2

Fill in the reflexive pronouns:

1. Yuki macht .... schick.

2. Ich bedanke .... für das Essen.

3. Wir amüsieren ....

4. Bitte bedienen Sie ....

5. Frau Glück und Yuki freuen .... über die Einladung.

Word formation

bedienen   to serve   **die** Bedienung   waitress
begrüßen   to greet   **die** Begrüßung   greeting

In German, nouns can be formed from the verb stem and the ending **-ung**.
Nouns ending in **-ung** always take the article **die**.

Exercise 3

Form nouns:

1. beraten ....

2. einzahlen ....

3. sitzen ....

4. wohnen ....

Date

*Die Party beginnt **am** Montag, den 14. Februar um 20.00 Uhr.*
The party begins on Monday, 14th February at 8.00 p.m.

In a letter you write:
Hamburg, den 3. April 2003 oder 3. 4. 2003

Names of the months

der Januar	January	*der Juli*	July
der Februar	February	*der August*	August
der März	March	*der September*	September
der April	April	*der Oktober*	October
der Mai	May	*der November*	November
der Juni	June	*der Dezember*	December

Names of the months take the article *der*.

abtropfen *in:* to drain off
  Fett abtropfen

am *in:* am on Saturday
  Samstag

amüsieren to enjoy
  (sich) oneself

an at

anbieten to offer

ankommen to arrive

annehmen to accept

anrufen to ring

Antrag, application
  der, -"e form

anziehen to wear

Aperitif, aperitif
  der, -s

April, der April

ärgern (sich) to get annoyed

auf die Gäste to our guests

aufmachen to open

aufstehen to get up

August, der August

ausfüllen to fill in

ausgezeichnet excellent

backen to fry

bedanken to say thank
  (sich) you

bedienen to serve

bedienen (sich) to help
  oneself

Bedienung, waitress
  die, -en

begrüßen to greet

bekommen to get

bewerben (um) to apply (for)
  (sich)

bloß *in:* on earth
  bloß anziehen

Blumenstrauß, bunch of
  der, -"e flowers

Bund Peter- sprig of
  silie, der, - parsley

Dezember, der December

dünn thin

Ehepaar, couple
  das, -e

Eigelb, das, -e egg yolk

Einladung, invitation
  die, -en

empfehlen to recommend

entscheiden	to decide	Köchin,	cook
erheben	to raise	die, -nen	
erklären	to explain	Kollegin,	colleague
Essig, der	vinegar	die, -nen	
Esslöffel, der, -	tablespoon	Machen Sie	Wear some-
etwas	something	sich schick!	thing smart!
Familie,	family	Mai, der	May
die, -n		März, der	March
Februar, der	February	Mehl, das	flour
fertig	ready	mischen	to mix
Flasche,	bottle	November, der	November
die, -n		Öl, das, -e	oil
Fleisch, das	meat	Person,	person
Fleischbrühe,	stock	die, -en	
die, -n		Pfeffer, der	pepper
freuen (sich)	to be pleased	Rezept, das, -e	recipe
freundlich	kind	Salz, das	salt
garnieren	to garnish	schälen	to peel
Gast, der, -"e	guest	Scheibe,	slice
gefallen	to like	die, -n	
gekocht	boiled	schneiden	to cut
Gewürz,	spice	Schnitzel,	piece of veal
das, -e		das, -	
Glas, das, -"er	glass	Semmelbrösel,	bread crumbs
Gute in:	Have you	die	
Was gibt's	cooked	September, der	September
denn Gutes?	something	setzen (sich)	to sit down
	nice?	Sherry, der, -s	sherry
		sitzen	to sit
Januar, der	January	Tasse, die, -n	cup
Juli, der	July	Tisch, der, -e	table
Juni, der	June	U.A.w.g. =	Please reply
Kartoffel,	potato	Um Antwort	(R.S.V.P. =
die, -n		wird gebeten	Respondez
Kartoffelsalat,	potato salad		s'il vous
der, -e			plaît)
kennen	to know		
klingen	to sound	übrigens	incidentally
knusprig	crisp	verstehen	to understand

versuchen	to try	zerstören	to destroy
vorbereiten	to prepare	ziehen lassen	to let some-
vorsichtig	carefully		thing stand
vorstellen	to introduce	Zitrone,	lemon
(sich)	oneself	die, -n	
warm	warm	Zitronen-	slice of
was gibt's *in:*	Have you	scheibe,	lemon
Was gibt's	cooked	die, -n	
denn Gutes?	something	zu viel	too much
	nice?	zugeben	to add
		zum = zu dem	to
weggehen	to go away	Zum Wohl!	To your
Weinkenner,	wine		health!
der, -	connoisseur	zurück-	to come back
wenden *in:*	to coat	kommen	
in Semmel-		zusagen	to accept
brösel wenden		Zutat,	ingredient
Wiener	Wiener	die, -en	
Schnitzel	schnitzel	Zwiebel,	onion
würzen	to season	die, -n	
zeichnen	to draw		

Eating habits

Most Germans usually have breakfast at home before they leave for work. What people eat for breakfast depends very much on personal taste. Breakfast may consist simply of a cup of coffee or tea and a slice of bread and jam, but it is also common to have orange juice, bread or bread rolls and a boiled egg, or even muesli, cheese, cold meats and scrambled eggs. The lunch break usually lasts one hour and is often between 12 and 1 p.m. At home early in the evening people often have a cold meal with different kinds of bread, cheese and cold meats and a salad. When Germans dine out, they usually prefer not to dine much later than 8 p.m. Some restaurants in small towns do not serve warm meals after 10 p.m.

Stadtbesichtigung

Heute ist Sonntag. Yuki möchte eine Stadtbesichtigung machen. Am Treffpunkt warten viele Touristen.

Stadt- *führerin:*	Willkommen in München! Wir befinden uns mitten im Stadtzentrum am Marienplatz. Hier sehen Sie das Rathaus mit dem Glockenspiel. Es spielt viermal täglich. Um 11.00 und um 12.00 Uhr vormittags, um 17.00 Uhr nach-mittags und um 21.00 Uhr abends. Jetzt drehen Sie sich bitte nach links. Sie sehen nun die Frauenkirche. Die zwei Türme sind das Wahr-zeichen von München. Nun drehen Sie sich bitte nach rechts und Sie sehen den Alten Peter. Der Alte Peter ist ein interessanter Aussichts-turm. Können Sie die Leute dort oben sehen?

Yuki:	Ja, dort oben sind Leute! Wie kommt man da hinauf?
Stadt-führerin:	300 Stufen führen nach oben. Sie haben dort einen herrlichen Blick über die ganze Stadt und manchmal können Sie sogar die Alpen sehen.
Yuki:	Das ist ja toll!
Stadt-führerin:	Nun überqueren wir die Straße und gehen geradeaus weiter. Das ist der Viktualienmarkt. Hier können Sie Obst und Gemüse, aber auch Brot, Fleisch, Wurst, Käse, Blumen sowie Kräuter und Gewürze kaufen.

Die Gruppe geht weiter.

Stadt-führerin:	Hier ist das Hofbräuhaus. Vielleicht möchten Sie hineingehen? Ich warte draußen auf Sie.

Yuki geht hinein und kommt schnell wieder heraus.

Stadt-führerin:	Wie gefällt Ihnen das Hofbräuhaus?
Yuki:	Sehr schön, aber sehr voll. Darf ich Sie etwas fragen?
Stadt-führerin:	Natürlich. Fragen Sie!
Yuki:	Die Bedienungen tragen so schöne Kleider mit Blusen und Schürzen. Wo kann man diese Kleider kaufen?
Stadt-führerin:	Das sind Dirndl. Man kann sie in Trachten-geschäften kaufen.
Yuki:	Wo ist das nächste Trachtengeschäft?
Stadt-führerin:	Hier vorne rechts.
Yuki:	Vielen Dank für die Auskunft und die inter-essante Führung!

Guided tour of the city

It's Sunday today. Yuki wants to go on a guided tour of the city. A lot of tourists are waiting at the meeting place.

City guide: Welcome to Munich. We're in Marienplatz in the city centre. You can see the town hall with the glockenspiel. It chimes four times a day. At 11 o'clock and at 12 o'clock in the morning, at 5 o'clock in the afternoon and at 9 o'clock in the evening. Now, please turn to the left. You see now the Frauenkirche. The two towers are Munich's landmark. Now turn to your right and you can see Den Alten Peter. Der Alte Peter is an interesting observation tower. Can you see the people standing up there?

Yuki: Yes, there are people up there. How do you get up there?

City guide: There are three hundred steps up to the top. From there you have a wonderful view over the whole city and sometimes you can even see the Alps.

Yuki: That's great!

City guide: Now we are going to cross the road. Please walk straight ahead. This is the Viktualienmarkt. Here you can buy fruit and vegetables, bread, cold meats, cheese, flowers as well as herbs and spices.

The group continue their tour.

City guide: This is the Hofbräuhaus. Perhaps you'd like to go in. I'll wait outside for you.

Yuki goes inside and comes out again quickly.

City guide: How do you like the Hofbräuhaus?

Yuki: Very nice, but very full. Can I ask something?

City guide: Of course. Ask me anything you like.

Yuki: The waitresses are wearing such beautiful dresses with blouses and aprons. Where can you buy these dresses?

City guide: You can buy them in a traditional costume shop. They are called dirndl.

Yuki: Where's the nearest traditional national costume shop?

City guide: Over there on the right.

Yuki: Thank you for the information and the interesting tour.

Particle mal

*Vielleicht möchten Sie **mal** hineingehen?*
Perhaps you might like to go inside?

*Probieren Sie **mal**!*
Why don't you try it?

Mal is used when you suggest that someone does something, also in a question.

*Wir befinden uns **jetzt mitten** im Stadtzentrum.*
We are now in the middle of the city centre.

***Hier vorne rechts** ist ein Trachtengeschäft.*
There is a traditional costume shop in front of you to your right.

Adverbs are normally not declined. They modify verbs, adjectives, nouns and sometimes even the whole sentence. They can be divided into three groups:

Adverbs of place
wo?   where?
da / **dort** / **hier**   there / over there / here
***Da** / **dort** / **hier** sehen Sie das Rathaus.*
There / over there / here you can see the town hall.

draußen   outside
*Ich warte **draußen** auf Sie.*
I'll wait for you outside.

links / **rechts**   left / right
*Drehen Sie sich nach **links** / **rechts**.*
Turn to your left / right.   ▶

oben / unten   up / down
*Dort **oben** haben Sie einen herrlichen Blick.*
You have a wonderful view from up there.

mitten   in the middle of
*Wir befinden **uns mitten** im Stadtzentrum.*
We are in the middle of the city centre.

wohin?   where to?

hinauf / hinunter   up / down
***Hinauf** geht es langsam, **hinunter** ziemlich schnell.*
Walking up is slow, walking down is quite fast.

hinein / heraus   in / out
*Yuki geht **hinein** und kommt schnell wieder **heraus**.*
Yuki goes in and comes out again quickly.

geradeaus   straight ahead
*Bitte gehen Sie **geradeaus** weiter.*
Please walk straight ahead.

Adverbs of time
wann? / jetzt   when? / now
***Jetzt** drehen Sie sich bitte nach links.*
Now please turn to your left.

heute   today
***Heute** ist Sonntag.*
It's Sunday today.

vormittags / mittags / nachmittags / abends / nachts
every morning / every day at noon / every afternoon /
every evening / every night
*Das Glockenspiel spielt um 11.00 Uhr **vormittags**.*
The glockenspiel chimes at eleven o'clock every morning.

dann   then
*Ich warte **dann** auf Sie.*
I'll be waiting for you then.

danach   after
*Was können wir **danach** noch machen?*
What can we do afterwards?

einmal / zweimal   once / twice
*Es spielt **zweimal** täglich.*
It chimes twice a day.

manchmal   sometimes
***Manchmal** können Sie die Alpen sehen.*
Sometimes you can see the Alps.

wieder   again
*Yuki kommt schnell **wieder** heraus.*
Yuki comes out again quickly.

Modal adverbs
gerne   please
*Kann ich Ihnen helfen? Ja, **gerne**.*
Can I help you? Yes, please.

sehr   very
*Dieses Kleid finde ich **sehr** hübsch.*
This dress is very pretty.

auch   also
*Hier können Sie Obst und Gemüse, aber **auch** Brot kaufen.*
You can buy fruit and vegetables here, but also bread.

noch   –
*Danach können sie **noch** eine Stunde in die Bibliothek gehen.*
Afterwards you can go to the library for another hour.

vielleicht   perhaps
***Vielleicht** möchten Sie hineingehen?*
Perhaps you'd like to go in there.

sogar   even
*Manchmal können Sie **sogar** die Alpen sehen.*
Sometimes you can even see the Alps.

Exercise 1

Fill in the suitable adverbs:
hinein, *da*, *gerne*, *danach*, *auch*, *heute*, *heraus*, *noch*, *dort oben*, *mitten*, *hier*, *zweimal*

1. Möchten Sie .... eine Tasse Kaffee? Ja, ...

2. Das Rathaus ist .... im Stadtzentrum.

3. Die Gäste gehen in das Haus .... und nach 30 Minuten wieder ....

4. Olivia und Jean-Luc lernen .... Deutsch.

5. .... kaufen Frau Glück und Yuki ein Kleid. .... gehen sie essen.

6. .... ist die Damenabteilung.

7. Bitte unterschreiben Sie ....: einmal .... und einmal ....

Imperative

Kommen Sie herein!   Come in!
Bitte nehmen Sie Platz! Sit down, please.

The imperative is used for favours and requests and is always directed at a person. For this reason the imperative is only found in the 2nd person singular and plural.

singular
du **Komm** *herein!*
Sie **Kommen** *Sie herein!*

plural
ihr **Kommt** *herein!*
Sie **Kommen** *Sie herein!*

du-Form
The imperative is derived from the 2nd person singular in the present. The ending *-st* is omitted.

du kommst	imperative:	**Komm!**	Come (along).
du nimmst	imperative:	**Nimm!**	Take (it).
du gibst	imperative:	**Gib!**	Give (me it).

The umlaut is omitted with irregular verbs where the vowel changes:

| **du läufst** | imperative: | **Lauf!** | Run! |
| **du fährst** | imperative: | **Fahr!** | Drive! |

The imperative form and 2nd person plural of the present have the same form.

ihr kommt	imperative:	**Kommt!**	Come (along).
ihr nehmt	imperative:	**Nehmt!**	Take (it).
ihr gebt	imperative:	**Gebt!**	Give (me it).

Sie-form (polite form of the singular and plural)

The imperative form and 3nd person plural have the same form.

sie kommen	imperative:	**Kommen Sie!**	Come (along).
sie nehmen	imperative:	**Nehmen Sie!**	Take (it).
sie geben	imperative:	**Geben Sie!**	Give (me it).

With separable verbs the prefix is at the end.

Example: *ausfüllen*
Sie-form **Füllen** Sie den Antrag **aus!**

With reflexive verbs the reflexive pronoun comes at the end. With the Sie-form the personal pronoun comes between the verb and the reflexive pronoun.

Example: *sich bedanken*
du-form **Bedank dich!**   Say thank you. etc.
ihr-form **Bedankt euch!**
Sie-form **Bedanken Sie sich!**

Exercise 2

Look at the following example and make sentences using the imperative:

Platz nehmen
Sie   *Nehmen Sie Platz!*
Ihr   *Nehmt Platz!*
Du   *Nimm Platz!*

1. sich setzen

....

....

....

2. herkommen

....

....

....

3. hereinkommen

....

....

....

Der Markt

Obst	*Äpfel, Birnen, Orangen, Bananen, Pflaumen, Himbeeren, Erdbeeren, Kiwis, Aprikosen*
Gemüse	*Karotten, Erbsen, Blumenkohl, Radieschen, Rettich, Paprika, Weißkraut, Rotkraut, Sauerkraut, Kartoffeln, Zwiebeln*
Brot	*Roggenbrot, Vollkornbrot, Weißbrot, Pumpernickel, Brötchen, Brezeln*
Fleisch	*Schweinefleisch, Kalbfleisch, Rindfleisch, Lammfleisch, Geflügel*

Wurst	*Leberwurst, Bierschinken, Weißwurst, Schinken*
Käse	*Emmentaler, Edamer, Appenzeller, Tilsiter, Frischkäse, Blauschimmelkäse*
Blumen	*Rosen, Tulpen, Nelken, Vergissmeinnicht, Sonnenblumen*
Kräuter	*Petersilie, Schnittlauch, Basilikum, Rosmarin, Salbei*
Gewürze	*Essig, Öl, Senf, Knoblauch, Paprika, Nelken, Muskatnuss*

The market	
fruit	apples, pears, oranges, bananas, plums, raspberries, strawberries, kiwis, apricots
vegetable	carrots, peas, cauliflower, radish(es), white radish, pepper, white cabbage, red cabbage, sauerkraut, potatoes, onions
bread	rye bread, wholemeal bread, white bread, pumpernickel, rolls, pretzel
meat	pork, veal, beef, lamb, poultry
cold meats	liver sausage, ham sausage, white sausage, ham
cheese	Emmentaler, Edam, Appenzeller, Tilsiter, cream cheese, blue cheese
flowers	roses, tulips, carnations, forget-me-nots, sunflowers
herbs	parsley, chives, basil, rosemary, sage
spices	vinegar, oil, mustard, garlic, paprika, cloves, nutmeg

1. Sie machen einen Obstsalat.
Welche fünf Obstsorten nehmen Sie?

Exercise 3

....

....

....

2. Nennen Sie vier Fleischsorten.

....

....

....

3. Nennen Sie drei Brotsorten.

....

....

....

Exercise 4

Find the feminine of the following nouns:

der Vater   die Mutter

1. der Koch   ....

2. der Franzose ....

3. der Lehrer   ....

4. der Junge   ....

5. der Herr   ....

Exercise 5

Write down the opposite of the following nouns.

Guten Morgen! Guten Abend!

1. Guten Tag!   ....

2. Frühling   ....

3. Sommer   ....

4. rechts   ....

5. oben   ....

6. der Morgen   ....

7. hinein   ....

8. Glück   ....

Alpen, die	Alps	**Führung,**	guided tour
Appenzeller,	Appenzeller	**die, -en**	
der, -		**ganz**	whole
Aprikose,	apricot	**geben**	to give
die, -n		**Geflügel, das**	poultry
auch	also	**Gemüse, das**	vegetables
Auskunft,	information	**geradeaus**	straight ahead
die, -"e		**Glockenspiel,**	glockenspiel
Aussichtsturm,	observation	**das, -e**	
der, -"e	tower	**Gruppe,**	group
Banane,	banana	**die, -n**	
die, -n		**Haus,**	house
Basilikum, das	basil	**das, -"er**	
befinden (sich)	to be	**heraus**	out of
Bierschinken,	ham sausage	**herauskommen**	to come out
der		**hereinkommen**	to come in
Birne, die, -n	pear	**herkommen**	to come here
bis nach oben	up to the top	**herrlich**	wonderful
Blick, der, -e	view	**hier vorne**	over there
Blauschimmel-	blue cheese	**Himbeere,**	raspberry
käse, der		**die, -n**	
Blumenkohl,	cauliflower	**hinauf**	up
der		**hinaufkommen**	to get up
Brezel, die, -n	pretzel	**hinein**	into
da	there	**hineingehen**	to go into
Dirndl, das, -	dirndl	**hinunter**	down
dort	there	**interessant**	interesting
dort oben	up there	**ja, gerne**	yes, please
draußen	outside	**jetzt**	now
drehen (sich)	to turn	**Jogurt, der, -s**	jogurt
Edamer, der, -	Edam	**Kalbfleisch,**	veal
einmal	once	**das**	
Emmentaler,	Emmentaler	**Karotte, die, -n**	carrot
der, -		**Kiwi, die, -s**	kiwi
Erbse, die, -n	pea	**Knoblauch,**	garlic
Erdbeere	strawberry	**der**	
fragen	to ask	**Kräuter,**	herbs
Frischkäse, der	cream cheese	**die** *(Pl.)*	

Lammfleisch, das	lamb	Rathaus, das, -"er	town hall
Leberwurst, die, -"e	liver sausage	rechts	right
Leute, die *(Pl.)*	people	Rettich, der, -e	white radish
links	left	Rindfleisch, das	beef
manchmal	sometimes		
Markt, der, -"e	market	Roggenbrot, das, -e	rye bread
mitten	in the middle of	Rose, die, -n	rose
Muskatnuss, die, -"e	nutmeg	Rosmarin, der	rosemary
		Rotkraut, das	red cabbage
nach links	to the left	Salbei, der	sage
nach oben	to the top	Sauerkraut, das	sauerkraut
nach rechts	to the right		
nächste	nearest	Schinken, der	ham
Nelke, die, -n *(flower)*	carnation	schnell	quick(ly)
		Schnittlauch, der	chives
Nelken, die *(Pl. spice)*	cloves	Schürze, die, -n	apron
nun	now	Schweine- fleisch, das	pork
oben	up		
Obst, das	fruit	Senf, der	mustard
Obstsalat, der, -e	fruit salad	sogar	even
Orange, die, -n	orange	Sonnenblume, die, -n	sun flower
Paprika, das *(spice)*	paprika	spielen *in:* es spielt zwei- mal täglich	to chime
Paprika, der, -s	pepper	Stadtbesichti- gung, die, -en	guided tour of the city
Petersilie, die	parsley	Stadtführerin, die, -nen	city guide
Pflaume, die, -n	plum		
Pumpernickel, der, -	pumpernickel	Straße, die, -n	street
		Stufe, die, -n	step
Radieschen, das, -	radishes	täglich	a day; daily
		Tilsiter, der	Tilsiter

toll!	great	vielleicht	perhaps
Tourist, der, -en	tourist	viermal	four times
		voll	full
Trachten- geschäft, das, -"e	traditional costume shop	Vollkornbrot, das, -e	wholemeal bread
		Wahrzeichen, das, -	landmark
tragen (Kleidung)	to wear	warten	to wait
Treffpunkt, der, -e	meeting place	Weißbrot, das, -	white bread
Tulpe, die, -n	tulip	Weißkraut, das	white cabbage
Turm, der, -"e	tower	Weißwurst, die, -"e	white sausage
über	over	weitergehen	to continue walking
überqueren	to cross		
unten	down	wieder	again
unterschreiben	to sign	zweimal	twice
Vergissmein- nicht, das, -e	forget-me-not		

Palaces, castles and churches

Millions of tourists come to Germany every year to see the romantic palaces and castles, for example the fairy tale castles of Ludwig II in Bavaria, the old castle in Heidelberg, the Hohenzollern castle, the castles along the Rhine, Charlottenburg and Bellevue palaces in Berlin and the Zwinger Palace in Dresden. There are famous cathedrals in Speyer, Worms, Cologne and Ulm. The elaborately-decorated rococo-churches in Upper Bavaria are also worth visiting. In the summer months music festivals and concerts are held in many palaces, castles and churches.

Und abends ins Konzert

*Yuki und Tobias, der Sohn von Familie Gebhardt, gehen
heute Abend ins Konzert. Tobias holt Yuki von zu Hause ab.*

Yuki: Guten Abend, Tobias! Komm herein!
Ich bin gleich fertig.

Tobias: Guten Abend, Yuki! Oh, du siehst aber
schick aus!

Yuki: Danke für das Kompliment. Dein Anzug
gefällt mir auch sehr gut. Fahren wir mit der
U-Bahn oder mit dem Bus?

Tobias: Lieber mit der U-Bahn. Die Haltestelle ist
direkt gegenüber der Philharmonie.

Yuki: Also gut. Gehen wir. Wem hören wir heute
Abend eigentlich zu?

Tobias: Den Bamberger Symphonikern. Sie spielen
die Wassermusik von Händel und das Erste
Brandenburgische Konzert von Bach.

Tobias und Yuki sind in der Philharmonie.

Tobias: Wollen wir die Mäntel an der Garderobe
abgeben?

Yuki: Ja, das ist eine gute Idee. Wo sitzen wir denn
eigentlich?

Tobias: Wir haben gute Plätze. Wir sitzen in der
zweiten Reihe in der Mitte direkt vor dem
Orchester. Ich besorge noch schnell ein Programm.

Nach dem Konzert.
Tobias: Wie findest du die Bamberger Symphoni-
                 ker?
Yuki: Einfach super! Ein sehr gutes Orchester mit
                 ausgezeichneten Solisten.
Tobias: Das finde ich auch. Wollen wir noch etwas
                 trinken? Ich kenne ein nettes Weinlokal in
                 der Nähe.
Yuki: Ja, gerne.
Auf dem Weg zum Lokal sehen sie einen Losverkäufer.
Tobias: Wollen wir ein Los kaufen?
Yuki: Ja, vielleicht haben wir Glück. Ich wohne
                 schließlich bei Frau Glück.
Tobias: Zwei Lose bitte. Yuki, du darfst wählen.
Tobias gibt dem Losverkäufer zwei Euro.
Im Weinlokal.
Tobias: Zum Wohl, Yuki!
Yuki: Prost! Und vielen Dank für die Einladung
                 zum Konzert.

And then a concert in the evening

*Yuki and Tobias, Mr and Mrs Gebhardts' son, are going to a concert this
evening. He is picking up Yuki.*
Yuki: Good evening, Tobias. Come in. I'll be ready in a
                 minute.
Tobias: Good evening, Yuki. Oh, you look really smart!
Yuki: Thank you for the compliment. I like your suit very
                 much, too. Shall we go by Underground or by bus?
Tobias: The Underground is better. The station is directly
                 opposite the Philharmonie.
Yuki: Okay then. Let's go. Oh, by the way, who are we
                 listening to tonight?
Tobias: The Bamberg Symphonic Orchestra. They are playing
                 Händel's Water Music. And Bach's First Brandenburg
                 concerto.

▶

Tobias and Yuki are in the Philharmonic Hall.

Tobias:	Shall we leave our coats in the cloakroom?
Yuki:	Yes, that's a good idea. By the way, where are we sitting?
Tobias:	We've got good seats. We are sitting in the middle of the second row. Right in the front of the orchestra. I'll just go and get a program.

After the concert.

Tobias:	How do you like the Bamberg Symphonic Orchestra?
Yuki:	They were marvellous! A very good orchestra with very good solists.
Tobias:	That's what I think, too. Shall we go for a drink? I know a nice little wine bar near here.
Yuki:	Yes, let's have a drink.

On their way to the wine bar they see a lottery seller.

Tobias:	Shall we buy a lottery ticket?
Yuki:	Perhaps we'll be lucky. After all I live with Mrs Glück.
Tobias:	Two lottery tickets, please. Why don't you choose, Yuki?

Tobias gives the lottery seller two euros.
In the wine bar.

Tobias:	To your health, Yuki!
Yuki:	Cheers. And thank you for inviting me to the concert.

Partikel eigentlich

*Was hören wir uns heute Abend **eigentlich** an?*

Eigentlich is used when a new idea is introduced into a conversation.

Dative: verbs followed by the dative

Dein Anzug	*gefällt*	**mir.**	I like your suit.
subject	verb	dative complement	
Wer or *was*?		*Wem*?	

The verb determines the case of the noun and the article.
The verbs *antworten* (answer), *danken* (thank), *gefallen*
(like), *gratulieren* (congratulate), *helfen* (help), *passen* (fit),
widersprechen (contradict), *zuhören* (listen to), *zusagen*
(accept), *zuschauen* (watch) are always followed by the
dative.

antworten:	Die Schüler	**antworten**	**dem Lehrer.**
danken:	Yuki	**dankt**	**dem Postbeamten.**
gefallen:	Der Anzug	**gefällt**	**dem Mann.**
gratulieren:	Die Lehrerin	**gratuliert**	**dem Schüler.**
helfen:	Der Vater	**hilft**	**der Tochter.**
passen:	Der Pullover	**passt**	**dem Kind.**
wider- sprechen:	Der Sohn	**widerspricht**	**dem Vater.**
zuhören:	Yuki	**hört**	**den Bamberger Symphonikern zu.**
zusagen:	Frau Glück	**sagt**	**der Arbeitskollegin zu.**
zuschauen:	Yuki	**schaut**	**der Bäckerin zu.**

**Definite and indefinite article:
nominative, accusative, dative**

singular
nominative	masculine	*der / ein Mann*
	neuter	*das / ein Kind*
	feminine	*die / eine Frau*
accusative	masculine	*den / einen Mann*
	neuter	*das / ein Kind*
	feminine	*die / eine Frau*
dative	masculine	*dem / einem Mann*
	neuter	*dem / einem Kind*
	feminine	*der / einer Frau*

plural

nominative	masculine	*die / – Männer*
	neuter	*die / – Kinder*
	feminine	*die / – Frauen*
accusative	masculine	*die / – Männer*
	neuter	*die / – Kinder*
	feminine	*die / – Frauen*
dative	masculine	***den*** */ – Männern*
	neuter	***den*** */ – Kindern*
	feminine	***den*** */ – Frauen*

All nouns which do not end in *-n* take an *-n* in the dative plural. Exception: nouns with an *-s* in the plural: ***den Autos***.

Exercise 1

Complete the following sentences by inserting the definite article in the dative:

1. Die Mutter gibt .... Baby Milch.

2. Der Vater gibt .... Kindern Schokolade.

3. Yuki gibt .... Gastgeberin einen Blumenstrauß.

4. Der Sohn widerspricht .... Vater.

5. Die Kinder widersprechen .... Eltern.

6. Tobias und Yuki hören .... Bamberger Symphonikern zu.

7. Das Kind hört .... Großvater zu.

Question words for persons: nominative, accusative and dative

nominative
Das ist **Yuki**.   Das sind **Yuki und Frau Glück**.
Wer ist das?   **Wer** sind die zwei Frauen?

accusative
Ich sehe **Yuki**.   Ich sehe **Yuki und Frau Glück**.
Wen sehen Sie?   **Wen** sehen Sie?

dative
Das Kleid gefällt **Yuki**.   Das Kleid gefällt **Yuki und Frau Glück**.
Wem gefällt das Kleid? **Wem** gefällt das Kleid?

Verbs followed by the dative and the accusative

Some verbs need two complements: one in the dative and one in the accusative (persons in the dative and objects in the accusative): These are verbs meaning »give«: **anbieten** (offer), **bringen** (bring), **geben** (give), **schenken** (give a present), **schicken** (send), **verkaufen** (sell) and verbs meaning »inform«: **erzählen** (tell), **empfehlen** (recommend), **erklären** (explain), **sagen** (say), **wünschen** (wish), **zeigen** (show).

Tobias   gibt   **dem Losverkäufer**   **zwei Euro**.

subject verb dative complement accusative complement
Wer or   Wem?   Wen or was?
was?

anbieten:
Herr Gebhardt bietet **den Gästen**   **einen Aperitif** an.
bringen:
Das Mädchen bringt **der Großmutter**   **einen Kuchen**.
empfehlen:
Die Lehrerin   empfiehlt **dem Kursteilnehmer ein Buch**.   ▶

erklären:
Die Lehrerin	erklärt	**dem Schüler**	**ein Wort.**

erzählen:
Der Opa	erzählt	**den Kindern**	**ein Märchen.**

geben:
Die Oma	gibt	**den Kindern**	**ein Eis.**

sagen:
Herr Gebhardt	sagt	**den Gästen**	**»Auf Wiedersehen«.**

schenken:
Frau Glück	schenkt	**der Gastgeberin**	**einen Blumenstrauß.**

schicken:
Yuki	schickt	**der Freundin**	**eine Postkarte.**

wünschen:
Die Lehrerin	wünscht	**den Schülern**	**viel Glück.**

zeigen:
Die Verkäuferin	zeigt	**der Dame**	**die Hüte.**

Exercise 2

Put the articles in the dative and be careful with the endings of the nouns in the plural:

1. Tobias schenkt .... einen Ring. (Freundin)

2. Die Oma kauft .... eine Brezel. (Kinder)

3. Frau Glück bringt .... eine Flasche Wein. (Gastgeber)

4. Der Postbeamte zeigt .... Sondermarken. (Touristen)

5. Herr Gebhardt sagt .... „Guten Abend". (Gäste)

6. Theresa empfiehlt .... Weißwürste. (Mann)

7. Opa erzählt .... eine Geschichte. (Kinder)

Prepositions followed by the dative

*Fahren wir **mit der U-Bahn** oder **mit dem Bus**?*
Shall we go by Underground or by bus?

*Vielen Dank für die Einladung **zum Konzert**.*
Thank you for the invitation to the concert.

Prepositions followed by the dative only are **aus** (from),
bei (at), **gegenüber** (opposite), **mit** (with), **nach** (after),
seit (since), **von** (from), **zu** (to).

aus	*Die Kinder kommen **aus der Schule**.* The children come from school.
bei	*Yuki kauft Brezeln **beim (= bei dem) Bäcker**.* Yuki is buying pretzels at the baker's.
gegenüber	*Die Haltestelle ist **gegenüber der Philharmonie**.* The station is opposite the Philharmonie.
mit	*Tobias spielt **mit der Katze**.* Tobias is playing with the cat.
nach	***Nach dem Konzert** gehen Yuki und Tobias in ein Weinlokal.* After the concert Yuki and Tobias go to a wine bar.
seit	*Peter ist **seit einem Monat** in Deutschland.* Peter has been in Germany for one month.
von	*Yuki kommt **von der Schule**.* The children are coming from school.
zu	*Vielen Dank für die Einladung **zum (= zu dem) Konzert**.* Thank you for the invitation to the concert.

bei dem = **beim**   von dem = **vom**   zu dem = **zum**

Exercise 3

Complete the sentences with a dative preposition and the correct article before the noun where necessary:

1. Yuki spricht ....
(Kollege) *(Pl.)*

2. Yuki wohnt ....
(Frau Glück)

3. Gail kommt ....
(USA)

4. Jean-Luc ist ....
in Deutschland. (ein Monat)

5. .... gehen alle nach Hause.
(Abendessen)

6. Die Haltestelle ist ....
(Rathaus)

7. Yuki und Tobias fahren ....
(U-Bahn)

8. Yuki und Tobias gehen ....
etwas trinken. (Konzert)

Prepositions which take both the accusative and the dative

Yuki fährt in die Stadt. (Wohin?) (Akkusativ)
Yuki is going to town. (Where to?) (accusative)

Wir sitzen in der Mitte. (Wo?) (Dativ)
We are sitting in the middle. (Where?) (Dative)

The prepositions **an** (on), **auf** (on), **in** (into), **neben** (next to), **unter** (under), **vor** (in front of) are prepositions which take the accusative in answer to the question *Where to?* and the verb used expresses an activity. These prepositions take the dative in answer to the question *Where?* and the verb used expresses a state.

Where to? accusative

an   *Yuki hängt das Bild an die Wand.*
              Yuki is hanging the picture on the wall.

auf	*Yuki legt das Buch **auf den Tisch**.* Yuki is putting the book on the table.
in	*Yuki fährt **in die Stadt**.* Yuki is going to town.
neben	*Jean-Luc setzt sich **neben das Mädchen**.* Jean-Luc sits down next to the girl.
unter	*Mainzel geht **unter das Bett**.* Mainzel is going under the bed.
vor	*Yuki setzt sich **vor das Orchester**.* Yuki is sitting down in front of the orchestra.

Where? dative

an	*Das Bild hängt **an der Wand**.* The picture hangs on the wall.
auf	*Das Buch ist **auf dem Tisch**.* The book is on the table.
in	*Ich kenne ein Weinlokal **in der Nähe**.* I know a wine bar near here.
neben	*Die U-Bahn-Haltestelle ist **neben dem Haus**.* The Underground station is next to the house.
unter	*Mainzel ist **unter dem Bett**.* Mainzel is under the bed.
vor	*Yuki sitzt **vor dem Orchester**.* Yuki is sitting in front of the orchestra.

Exercise 4

Answer the questions:

1. Wo spielen die Kinder? (das Haus /

vor) ....

....

2. Wo zahlen wir den Hut? (die Sammel-

kasse / an) ....

....

3. Wo kaufen wir ein Kleid? (das Kauf-

haus / in)..

....

4. Wo ist die Haltestelle? (die Straße /

neben) ....

....

Vocabulary

abgeben *in:* den Mantel abgeben	to leave	**Garderobe, die, -n**	cloakroom
abholen	to pick up	**Gastgeber, der, -**	host
also gut	okay then	**Gastgeberin, die, -nen**	hostess
antworten	to answer	**gegenüber**	opposite
auf	on	**gratulieren**	to congratu-late
aussehen	to look		
besorgen	to go and get	**in der Nähe**	near here
Bett, das, -en	bed	**Keller, der, -**	cellar
bringen	to bring	**Kompliment, das, -e**	compliment
Bus, der, -se	bus		
danken	to thank	**Konzert, das, -e**	concert
direkt	directly		
Einfach super!	Simply marvellous!	**sollen wir lieber**	is it better to
erzählen	to tell		
finden *in:* wie findest du	to like	**Los, das, -e**	lottery

Losverkäufer, der, -	lottery seller	schließlich	after all
Märchen, das, -	story	Sohn, der, -"e	son
Mitte, die	middle	Solist, der, -en	soloist
Nähe *in:* in der Nähe	near here	spielen	to play
neben	next to	unter	under
Orchester, das, -	orchestra	von	from
		vor	in front of
Philharmonie, die, -n	Philharmonic Hall	wählen	to choose
		Wand, die, -"e	wall
Programm, das, -e	program	Weg, der, -e	way
		Weinlokal, das, -e	wine bar
Prost!	cheers	widersprechen	to contradict
Reihe, die, -n	row	wünschen	to wish
Ring, der, -e	ring	zu	to
sagen	to say	zuhören	to listen to
schenken	to give a present	zuschauen	to watch
		zweite	second

Drinks   Most Germans drink mineral water, beer or soft drinks with their cold evening meal.

There are many types of beer, each with its distinctive flavour. Most beer drinkers have their favourite type and brand. *Pils* and *Export* are found all over Germany. *Pils* is drunk in special glasses, is light in colour and somewhat bitter. Special beers are drunk in certain areas of Germany: *Altbier*, a dark and bitter beer is found mainly in Düsseldorf. *Kölsch* is only drunk in the Cologne-Bonn area. This is a light-coloured beer and compared to other types of German beer has a low alcohol content (3.7%). *Weißbier*, also called *Weizenbier*, is drunk a lot in Bavaria but also in other parts of Germany. There is a light and a dark *Weißbier*. *Helles* is also very popular in southern Germany. It is not as bitter as *Export*. In Bavaria, *Starkbier*, a very strong beer is drunk during Lent.

Familie

Der Postbote bringt zwei Briefe. Ein Brief ist für Yuki, der andere für Frau Glück.

Frau Glück: Hier ist ein Brief für Sie, Yuki.

Yuki: Woher kommt er?

Frau Glück: Ich glaube aus Amerika.

Yuki: Da wohnt meine Schwester Hanako. Sie ist dort verheiratet. Sie wohnt schon seit drei Jahren mit ihrer Familie in Cincinnati. Haben Sie auch Geschwister?

Frau Glück: Ja. Ich habe zwei Schwestern und zwei Brüder. Meine Schwester Christel wohnt in Köln und meine Schwester Elke in Hildesheim. Mein Bruder Rolf wohnt in Hamburg und mein Bruder Dieter in Dresden.

Yuki: Was für eine große Familie! Haben Sie noch mehr Verwandte?

Frau Glück: Ja. Meine Geschwister sind alle verheiratet. Ich habe also noch zwei Schwäger und zwei Schwägerinnen. Und alle haben Kinder. Deshalb habe ich Nichten und Neffen.

Außerdem leben auch noch meine Eltern
und ich habe viele Cousinen und Cousins.
Wir sind wirklich eine sehr große Familie.

Yuki: Wie oft sehen Sie Ihre Familie?

Frau Glück: Sehr selten. Wir treffen uns nur einmal im
Jahr zu meinem Geburtstag. Da kommen
alle gern. Aber wir telefonieren oft miteinander. Oh, mein Brief kommt von meinem
Bruder aus Dresden!

Liebe Angelika,
endlich bekommst du wieder einen Brief von mir. Ich habe
eine Überraschung für dich! Ich komme nächste Woche beruflich
nach München und möchte dann gerne am Samstag mit dir ins
Deutsche Museum und anschließend etwas essen gehen.

Viele Grüße an dich und deine Mitbewohnerin aus Japan.
Dein Dieter

Frau Glück: So eine Überraschung! Mein Bruder besucht
mich. Und was schreibt Ihre Schwester?

Yuki: Sie möchte mich gerne besuchen, aber sie
hat kein Geld. Schade!

Family

The postman brings two letters. One letter is for Yuki, the other is for Mrs Glück.

Mrs Glück: Here's a letter for you, Yuki.

Yuki: Where's it from?

Mrs Glück: I think it's from America.

Yuki: My sister Hanako lives there. She is married and has
been living there with her family in Cincinnati for
three years. Have you got any brothers and sisters?

Mrs Glück: Oh, yes. I've got two sisters and two brothers.
My sister Christel lives in Cologne and my sister ▶

	Elke lives in Hildesheim. My brother Rolf lives in Hamburg and my brother Dieter in Dresden.
Yuki:	What a big family! Have you got any more relatives?
Mrs Glück:	Yes, I have. My brothers and sisters are all married. I've also got two brothers-in-law and two sisters-in-law and they've all got children. So I've got nieces and nephews. My parents are still alive as well. And I've got a lot of cousins. We're really a very big family.
Yuki:	How often do you see your family?
Mrs Glück:	Not very often. We see each other only once a year on my birthday. They all enjoy coming. But we often ring each other up. Oh, my letter is from my brother in Dresden.

Dear Angelika,
at long last you have got a letter from me. I've got a surprise for you!
I'm coming to Munich next week on business and would like to take
you to the Deutsches Museum on Saturday and take you out for a
meal afterwards.

Best wishes to you and your guest from Japan.
Yours Dieter

Mrs Glück:	What a surprise! My brother is coming to visit me. And what has your sister written in her letter?
Yuki:	She'd like to come and visit me, but she hasn't got any money. What a pity!

Possessive adjectives and pronouns:
nominative, accusative and dative

Possessive adjectives usually modify a noun. They show ownership and connection.

Meine Schwester Christel wohnt in Köln.
My sister Christel lives in Köln

Viele Grüße an **deine** Mitbewohnerin.
Best wishes to your guest.

The ending of the possessive adjective agrees with the person it refers to. In the nominative, accusative and dative singular the possessive adjectives take the same endings as the indefinite article *ein*.

singular personal pronoun	ich	du	Sie	er / es	sie
masculine / neuter	mein	dein	Ihr	sein	ihr
feminine	meine	deine	Ihre	seine	ihre
plural	meine	deine	Ihre	seine	ihre
plural personal pronoun	wir	ihr	Sie	sie
masculine / neuter	unser	euer	Ihr	ihr
feminine	unsere	eu(e)re	Ihre	ihre
plural	unsere	eu(e)re	Ihre	ihre

Fill in the correct possessive adjectives:

1. die Mutter und .... Tochter
2. die Mutter und .... Sohn
3. die Mutter und .... Kind
4. die Cousine und .... Mann
5. der Vater und .... Sohn
6. der Vater und .... Kind
7. der Cousin und .... Frau
8. die Eltern und .... Kinder

Exercise 1

Exercise 2

Look at the following example and answer the questions:

Was suchen Sie? (die Serviette)
Ich suche meine Serviette.

1. Was suchen Sie? (der Pass)

....

2. Was sucht er? (die Fahrkarte)

....

3. Was sucht ihr? (das Klassenzimmer)

....

4. Was sucht sie? (die Brille)

....

5. Was suchst du? (der Schlüssel)

....

Exercise 3

Fill in the possessive adjectives in the nominative, accusative or dative:

1. Yuki hat eine Schwester.

.... Schwester wohnt mit ....

Familie in den USA.

2. Frau Glück bekommt einen Brief von

.... Bruder.

3. Darf ich Ihnen .... Mann vorstellen?

4. Ist der Brief von deiner Schwester?

Nein, von .... Bruder.

5. Ist der Brief von deinem Bruder?

Nein, von .... Schwester.

Personal pronouns: nominative, accusative and dative

*Hier ist ein Brief für Sie. Woher kommt **er**?*
Here is a letter for you. Where's it from?

*Hilfst du dem Mann? Ja, ich helfe **ihm**.*
Are you helping the man? Yes, I'm helping him.

singular

nominative	accusative	dative
ich	*mich*	*mir*
du	*dich*	*dir*
Sie	*Sie*	*Ihnen*
er	*ihn*	*ihm*
sie	*sie*	*ihr*
es	*es*	*ihm*

plural

nominative	accusative	dative
wir	*uns*	*uns*
ihr	*euch*	*euch*
Sie	*Sie*	*Ihnen*
sie	*sie*	*ihnen*

Question words

Wer?	*Wen?*	*Wem?*
Who?	Who?	Who?

Fill in the personal pronoun in the dative:

1. Kannst du .... bitte einen Kaffee bringen? (ich)

2. Wie geht es ....?

Danke, ... geht es gut. (du) (ich)

3. Möchtest du mit .... ausgehen? (er)

Exercise 4

4. Komm doch mit .... (wir)

5. Könnt ihr .... helfen?

Wir helfen .... gerne.
(wir) (ihr)

---

also	therefore	Gruß, der, -"e	regards
andere	other	herzliche	best regards
anschließend	afterwards	Grüße	
außerdem	as well	hören	to hear
bald	soon	ihm	him
beruflich	on business	ihn	him
besuchen	to visit	ihnen	them
Brille, die, -n	glasses	ihr	her
Bruder, der, -"	brother	Jahr, das, -e	year
Cousin, der, -s	cousin (male)	Klassen-	classroom
Cousine, die, -n	cousin (fem)	zimmer, das, -	
dein	yours	mehr	more
deshalb	therefore	mein	my
dich *(Akk.)*	you	mich *(Akk.)*	me
dir *(Dat.)*	you	mir *(Dat.)*	me
Eltern, die *(Pl.)*	parents	Mitbewohne-	guest
endlich	at long last	rin, die, -nen	
erzählen	to talk about	miteinander	with each
es *(Akk.)*	it		other
euch	you	nächste Woche	next week
euer	your	Neffe, der, -n	nephew
Geburtstag,	birthday	Nichte, die, -n	niece
der, -e		Onkel, der, -	uncle
Geschwister,	brothers and	Pass, der, -"e	pass port
die *(Pl.)*	sisters	Postbote,	postman
Großeltern,	grandparents	der, -n	
die *(Pl.)*		schade!	what a pity
Großmutter,	grandmother	Schlüssel,	key
die, -"		der, -	
Großvater,	grandfather	schreiben	to write
der, -"			

Schwager, der, -"	brother-in-law	**Tochter, die, -"**	daughter
Schwägerin, die, -nen	sister-in-law	**treffen (sich)**	to see each other
Schwester, die, -n	sister	**Überraschung, die, -en**	surprise
sein	his, its	**uns**	us
seit *in*: **seit drei Jahren**	for three years	**unser**	our
selten	seldom	**verheiratet sein**	to be married
sie *(Akk. Sg.)*	her	**Verwandte, die** *(Pl.)*	relatives
sie *(Akk. Pl.)*	them	**was gibt es Neues?**	what's new?
so *in*: **so eine Überraschung!**	what a surprise!	**wem?** *(Dat.)*	who?
Spaß, der, -"e	fun	**wen?** *(Akk.)*	who?
Tante, die, -n	aunt	**wie oft?**	how often?
telefonieren	to ring, call	**wirklich**	really
		Woche, die, -n	week

Lifestyles Traditional ways of life have changed. Only five in 100 families in Germany have five members or more. The large family has more or less disappeared and today the average family consists of mother, father and one, or at the most, two children with grandparents and relatives often living at a great distance. More and more couples live together without being married. In big cities many people are single and live alone, but they often have a partner.

Jobsuche

Yuki: Ich glaube, ich muss Geld verdienen. Meine Schwester möchte mich so gerne besuchen. Sie kann die Reise nach Deutschland aber nicht bezahlen. Ich möchte ihr den Flug finanzieren.

Frau Glück: Vielleicht lesen Sie mal die Stellenangebote in der Zeitung. Ich glaube, ich habe noch die Zeitung vom Samstag. Ja, da ist sie. Also wollen wir mal sehen, welche Stellen es gibt. Schauen Sie, hier ist ein interessantes Angebot:

Reisebüro sucht freundliche junge Dame für leichte Büroarbeit. Englischkenntnisse erwünscht.
Kenntnisse in Japanisch von Vorteil.
Arbeit am PC erforderlich. Arbeitszeit: 18–21 Uhr.
Gute Bezahlung. Informationen unter Tel. 34 61 78

Rufen Sie doch mal an!

Yuki: Meinen Sie wirklich?
Frau Glück: Natürlich!
Yuki ruft im Reisebüro an.
Frau Dietl: Reisebüro Sonnenschein. Guten Tag! Frau Dietl am Apparat. Was kann ich für Sie tun?
Yuki: Hier spricht Yuki Naito. Ich möchte mich gerne um die Stelle bewerben. Sie suchen jemand mit Kenntnissen in Englisch und Japanisch.
Frau Dietl: Können Sie auch am Computer arbeiten?
Yuki: Ja, das kann ich auch.
Frau Dietl: Wie gut sind Ihre Japanisch- und Englischkenntnisse?
Yuki: Japanisch ist meine Muttersprache. Englisch lerne ich schon seit zehn Jahren.
Frau Dietl: Seit wann sind Sie denn schon in Deutschland?
Yuki: Seit drei Monaten.
Frau Dietl: Ihr Deutsch ist wirklich ausgezeichnet! Ich mache Ihnen einen Vorschlag: Kommen Sie doch einfach bei uns vorbei und stellen Sie sich vor. Unser Reisebüro ist in der Königinstraße 4. Wissen Sie, wie Sie zu uns kommen?
Yuki: Ich denke ja. Wann kann ich zu Ihnen kommen?
Frau Dietl: Geht es morgen Nachmittag, sagen wir um 17 Uhr?
Yuki: Ja, das geht.
Frau Dietl: Also, dann bis morgen Frau ... Wie ist Ihr Name?
Yuki: Naito. Ich buchstabiere: N wie Nordpol, A wie Anton, I wie Ida, T wie Theodor und O wie Otto. Mein Vorname ist Yuki, Y wie Ypsilon, U wie Ulrich, K wie Kaufmann und I wie Ida. Naito Yuki. Also dann bis morgen, Frau Dietl. Auf Wiederhören!

Looking for a job

Yuki:	I think I'll have to earn some money. My sister would like to visit me. But she can't afford to pay for the trip to Germany. I'd like to pay for the flight for her.
Mrs Glück:	Perhaps you should read the job offers in the newspaper. I think I still have the Saturday paper. Oh, yes, there it is. Let's have a look and see what jobs there are. Look, here's an interesting job offer:

Travel agency seeks friendly young lady for light office work. Knowledge of English desirable. Knowledge of Japanese an advantage.
Required to work on PC. Working hours: 6 – 9 p.m.
Good pay. Further information on 34 61 78

	Why don't you call?
Yuki:	Do you really think so?
Mrs Glück:	Of course.
Yuki telephones the travel agency.	
Mrs Dietl:	Sonnenschein travel agency. Good afternoon. Mrs Dietl speaking. What can I do for you?
Yuki:	This is Yuki Naito speaking. I would like to apply for the vacancy. You are looking for someone with knowledge of English and Japanese.
Mrs Dietl:	Can you use a computer?
Yuki:	Yes, I can.
Mrs Dietl:	How good is your knowledge of Japanese and English?
Yuki:	Japanese is my mother tongue and I've been learning English for ten years.
Mrs Dietl:	How long have you been in Germany?
Yuki:	For three months.
Mrs Dietl:	Your German is really excellent. Let me make a suggestion: Why don't you just come and see us and introduce yourself. Our travel agency is at number four Königinstraße. Do you know how to get to us?
Yuki:	I think I do. When can I come and see you?
Mrs Dietl:	Is tomorrow afternoon okay? Let's say about 5 p.m.
Yuki:	Yes, that's okay.
Mrs Dietl:	I'll see you tomorrow then, Mrs ... What was your name?

Yuki: Naito. I'll spell it for you: N A I T O. My first name is
                Yuki, Y U K I. Naito Yuki. I'll see you tomorrow then,
                Mrs Dietl. Goodbye.

Phonetic alphabet

A wie Anton	J wie Julius	S wie Samuel
Ä wie Ärger	K wie Kaufmann	Sch wie Schule
B wie Berta	L wie Ludwig	T wie Theodor
C wie Cäsar	M wie Martha	U wie Ulrich
Ch wie Charlotte	N wie Nordpol	Ü wie Übermut
D wie Dora	O wie Otto	V wie Viktor
E wie Emil	Ö wie Ökonom	W wie Wilhelm
F wie Friedrich	P wie Paula	X wie Xanthippe
G wie Gustav	Q wie Quelle	Y wie Ypsilon
H wie Heinrich	R wie Richard	Z wie Zacharias
I wie Ida		

Professions

male	female	
der Architekt	die Architektin	architect
der Arzt	die Ärztin	doctor
der Bauer	die Bäuerin	farmer
der Friseur	die Friseurin	hairdresser
der Ingenieur	die Ingenieurin	engineer
der Kellner	die Kellnerin	waiter / waitress
der Kranken-pfleger	die Kranken-schwester	male nurse / nurse
der Lehrer	die Lehrerin	teacher
der Mechaniker	die Mechanikerin	mechanic
der Polizist	die Polizistin	policeman / policewoman

| der Sekretär | die Sekretärin | secretary |
| der Schreiner | die Schreinerin | carpenter |

Preposition seit

Seit is a preposition which is always followed by the dative and is used before dates and times. Although it is used in the present tense it refers to the past.

Paul arbeitet **seit einer Stunde** am Computer.
Paul has been working on the computer for an hour.

Yuki ist **seit drei Monaten** in Deutschland.
Yuki has been in Germany for three months.

Question word wann

Wann kommen Sie?   Um 11 Uhr.
When are you coming?   At 11 a.m.

Seit wann ist Yuki in Deutschland?   Seit drei Monaten.
How long has Yuki been in   For three months.
Germany?

Answer the questions:

1. Seit wann kennt Yuki Tobias?

(drei / Woche) ....

2. Seit wann sind Sie schon in Deutsch-

land? (fünf / Monat) ....

3. Seit wann arbeitest du am Computer?

(drei / Stunde) ....

4. Seit wann spielen die Kinder Fußball?

(dreißig / Minute) ....

5. Seit wann liest du dieses Buch?

(fünf / Tag) ....

Exercise 1

Fill in the following words:
buchstabieren, die Stellenangebote, Englischkenntnisse, sich bewerben, sich vorstellen, Computer, verdienen.
Conjugate the verbs:

1. Yuki möchte Geld ....

2. Yuki ....

um eine Stelle.

3. Frau Glück liest ....

in der Zeitung.

4. Yuki hat ....

5. Yuki ....

ihren Namen.

6. Yuki kann auch am ....

arbeiten.

7. Yuki ....

.... im Reisebüro ....

Exercise 2

Exercise 3

Match the following sentences:

1. Deutsche Lufthansa. Guten Tag!

2. Haben Sie Computerkenntnisse?

3. Also dann bis übermorgen!

4. Sprechen Sie auch Französisch?

5. Wann kann ich zu Ihnen kommen?

a Ja, ich lerne seit vier Jahren Französisch.

b Geht es morgen Vormittag?

c Mein Name ist Janzen. Was kann ich für Sie tun?

d Ja. Auf Wiederhören!

e Ja, natürlich!

1. .... **2.** .... **3.** .... **4.** ....

5. ....

Exercise 4

Match the jobs to the drawings:

Lehrerin / Mechaniker / Sekretärin / Bauer / Ärztin / Schreiner

1. .... **2.** ....

3. ....   **4.** ....

5. ....   **6.** ....

Abendstunde	in the	**Arbeitszeit,**	working
in: **in den**	evening(s)	**die, -en**	hours
Abendstunden		**Architekt,**	architect
also dann bis	I'll see you	**der, -en**	
morgen	tomorrow	**Architektin,**	architect
	then	**die, -nen**	
am Computer	on the PC	**Arzt, der, -"e**	doctor
Angebot,	offer	**Ärztin,**	doctor
das, -e		**die, -nen**	
Anruf, der, -e	call	**auf Wieder-**	goodbye
Arbeit, die, -en	work	**hören (am**	(on the
arbeiten	to work	**Telefon)**	phone)

Bäcker, der, -	baker	Ingenieur, der, -e	engineer
Bäckerin, die, -nen	baker	Ingenieurin, die, -nen	engineer
Bauer, der, -n	farmer	jemand	someone
Bäuerin, die, -nen	farmer	Jobsuche, die	looking for a job
Beruf, der, -e	profession	jung	young
bewerben (sich) um	to apply for	Kaufmann, der, (Pl.) Kaufleute	salesman
Bezahlung, die, -en	pay	Kellner, der, -	waiter
buchstabieren	to spell	Kellnerin, die, -nen	waitress
Büroarbeit, die, -en	office work	Kenntnis, die, -se	knowledge
Busfahrer, der	bus driver	Kranken-pfleger, der, -	male nurse
Busfahrerin, die, -nen	bus driver	Kranken-schwester, die, -n	nurse
Computer, der, -	PC	leicht	light, easy
Dame, die, -n	lady	mal in: lesen Sie mal	you should read
denken	to think		
Englisch-kenntnisse, die (Pl.)	knowledge of English	Mechaniker, der, -	mechanic
erforderlich	required	Mechanikerin, die, -nen	mechanic
erwünscht	desirable	meinen	to think
finanzieren	to pay	Muttersprache, die, -n	mother tongue
Flug, der, -"e	flight	Nordpol, der	northpole
Frau Dietl am Apparat	Mrs Dietl speaking	Personalbüro, das, -s	personnel department
Friseur, der, -e	hairdresser	Polizist, der, -en	policeman
Friseurin, die, -nen	hairdresser		
Information, die, -en in: Informationen unter	information on	Polizistin, die, -nen	policewoman

Reise, die, -n	trip	**Verkäufer,**	shop assistant
Reisebüro,	travel agency	**der, -**	
das, -s		**vorbeikommen**	just come
schauen	to look	*in:* **einfach vor-**	and
Schreiner, der, -	carpenter	**beikommen**	see
Schreinerin,	carpenter	**Vorschlag** *in:*	to suggest
die, -nen		**einen Vorschlag**	
seit wann?	how long?	**machen**	
Sekretär,	secretary	**Vorstellungs-**	job interview
der, -e		**gespräch,**	
Sekretärin,	secretary	**das, -e**	
die, -nen		**Vorteil,**	advantage
Sonnenschein,	sunshine	**der, -e**	
der		**Wie ist Ihr**	What's your
Stelle, die, -n	job	**Name?**	name?
Stellenange-	job advert	**wie?**	how?
bot, das, -e		**wissen**	to know
tun	to do	**Ypsilon**	Y
verdienen	to earn		

Looking for a job

In Germany if you are looking for a job, the best thing to do is look at the weekend edition of a national newspaper like the **Frankfurter Rundschau** or the **Süddeutsche Zeitung** or put your own advertisement in a newspaper.

Another way to find a job is to look at the jobs offered by the **Arbeitsamt** (Job Centre). The **Arbeitsamt** is a state institution, which you can find in all cities. It provides computers to help you look for vacancies and there are also employment advisers who can assist you. If you phone the number 01 15 01, your nearest Job Centre will inform you of job vacancies.

Vorstellungstermin

Yuki stellt sich im Reisebüro Sonnenschein vor.

Yuki: Guten Tag! Meine Name ist Yuki Naito. Ich habe um 17 Uhr einen Vorstellungstermin bei Frau Dietl.

Frau Dietl: Guten Tag, Frau Naito! Ich bin Frau Dietl. Bitte nehmen Sie Platz! Möchten Sie etwas zu trinken?

Yuki: Ein Mineralwasser, bitte.

Frau Dietl schenkt Yuki ein Glas Mineralwasser ein.

Yuki: Vielen Dank!

Frau Dietl: Also, Sie sind Japanerin. Wir suchen dringend jemand, der Japanisch kann.

Yuki: Das freut mich.

Frau Dietl: Wie gut sprechen Sie Englisch?

Yuki: Ich lerne seit zehn Jahren Englisch.

Frau Dietl:	Gut. Wie sieht es mit Ihren Computer-kenntnissen aus? Welche Programme können Sie anwenden?
Yuki:	Ich kann ein Textverarbeitungsprogramm, nämlich Word sowie ein Buchhaltungs-programm.
Frau Dietl:	Sehr gut.
Yuki:	Darf ich Sie etwas fragen?
Frau Dietl:	Ja, natürlich!
Yuki:	Für wie viele Abende suchen Sie jemand?
Frau Dietl:	Eigentlich für vier Abende. Ich habe noch einen anderen Bewerber. Er möchte gerne drei Abende übernehmen. Können Sie den vierten Abend übernehmen?
Yuki:	Ja, gerne. Und was verdiene ich?
Frau Dietl:	Wir zahlen zwölf Euro die Stunde. Sind Sie krankenversichert?
Yuki:	Ja. Wann soll ich denn mit der Arbeit beginnen?
Frau Dietl:	Am nächsten Mittwoch. Können Sie immer am Mittwochabend arbeiten?
Yuki:	Ja, das geht sehr gut.
Frau Dietl:	An Ihrem ersten Arbeitstag beginnen Sie um 18.00 Uhr. Also dann bis nächsten Mittwoch.
Yuki:	Bis Mittwoch. Auf Wiedersehen!

Interview

Yuki arrives at Sonnenschein Travel Agency for her interview.

Yuki:	Good afternoon. My name is Yuki Naito. I have an interview with Mrs Dietl at 5 p.m.
Mrs Dietl:	Good afternoon, Mrs Naito. I'm Mrs Dietl. Please take a seat. Would you like something to drink?
Yuki:	A glass of mineral water, please.

Mrs Dietl pours out Yuki a glass of mineral water.

Yuki:	Thank you very much.

▶

Mrs Dietl:	So you are Japanese. We are in urgent need of someone who can speak Japanese.
Yuki:	I'm glad to hear that.
Mrs Dietl:	How good is your English?
Yuki:	I've been learning English for ten years.
Mrs Dietl:	Good. What about your computer skills? Which programs do you use?
Yuki:	I work with one word processing program, Word, and one book keeping program.
Mrs Dietl:	Very good.
Yuki:	May I ask you something?
Mrs Dietl:	Yes, of course.
Yuki:	How many evenings are you looking for someone?
Mrs Dietl:	For four evenings, actually. There is another candidate. He'd like to take on three evenings. Could you do the fourth evening?
Yuki:	Yes, I'd be pleased to. And how much will I earn?
Mrs Dietl:	We pay twelve euros an hour. Have you got some health insurance?
Yuki:	Yes, I have. When do I start work?
Mrs Dietl:	Next Wednesday. Can you always work on a Wednesday evening?
Yuki:	Yes, that's no problem.
Mrs Dietl:	You start at 6 p.m. on your first evening. I'll see you next Wednesday, then.
Yuki:	Yes, see you on Wednesday. Goodbye.

nämlich

*Ich kann ein Textverarbeitungsprogramm, **nämlich** Word.*

To express a statement more exactly the adverb **nämlich** is used. **Nämlich** is never put at the beginning of a sentence.

Insert *nämlich* in the right position:

1. Ich muss mich beeilen, ich möchte bald zu Hause sein.

....

2. Wie geht es dir? Mir geht es nicht gut.

....

3. Wann kommen Sie? Wir wollen weg-gehen.

....

4. Ich habe heute Abend leider keine Zeit. Ich gehe ins Konzert.

....

Exercise 1

Fill in the gaps with suitable answers:

Herr Natsumura sucht eine Arbeit am Abend. Er lernt seit sechs Jahren Englisch. Heute stellt er sich bei dem Personalchef von Wiedemann & Co, Herrn Würtz, vor.

1. Was sagt Herr Natsumura zuerst?

....

2. Was antwortet Herr Würtz?

....

3. Dann fragt Herr Würtz nach den Sprach-kenntnissen. Was sagt er?

....

4. Herr Würtz fragt, welche Computer-programme Herr Natsumura anwenden kann.

....

Exercise 2

5. Herr Natsumura kann zwei Computer-
programme.

....

6. Herr Natsumura fragt, wie viele Stunden
er am Abend arbeiten muss.

....

7. Herr Natsumura fragt, was er an einem
Abend verdient.

....

8. Herr Würtz sagt, 10 Euro die Stunde.

....

Exercise 3

Tick the correct
answer:

1. In welchem Beruf verdient man am
besten?
a Mechaniker   **b** Krankenschwester
c Architekt

2. In welchem Beruf muss man kreativ
sein?
a Steuerberater   **b** Lehrer
c Architekt

3. In welchem Beruf braucht man Fremd-
sprachenkenntnisse?
a Sekretärin   **b** Bäcker
c Verkäufer

Vocabulary

Arbeitstag, der, -e	working day
aussehen mit *in:* Wie sieht es mit Ihren Computer-kenntnissen aus?	What about your computer skills?
bar auf die Hand	all in cash
beeilen (sich)	to hurry
benutzen	to work
Bewerber, der, -	applicant
Buchhaltungs-programm, das, -e	bookkeeping program
einschenken	to pour out
Fremd-sprachen-kenntnis, die, -se	knowledge of foreign language
kranken-versichert sein	to have some health insurance
Kranken-versicherung, die, -en	health insurance
kreativ	creative
Mineral-wasser, das	mineral water
nachfragen	to enquire
Sozialversiche-rung, die, -en	social insurance
Steuer, die, -n	tax
Steuerberater, der, -	tax adviser
Textverarbei-tungspro-gramm, das, -e	word processing program
übernehmen	to do
Vorstellungs-termin, der, -e	interview

Social insurance

Anyone in employment is a member of a number of employment schemes. She/he must pay compulsory contributions to the national insurance system. There are **Kranken-, Arbeitslosen-, Pflege-,** und **Rentenversicherung** (Health, Unemployment, Nursing-Care-Insurance and Pension Schemes). Half of the contributions are paid by the employer, the other half by the employee. This entitles the insured person to receive benefits when sick, unemployed or in need of care in old age and to receive a pension starting between the age of 60 to 65.

Test 2

1 Choose one of the possible solutions. Then go to the square showing the number of the solution you think is correct.

2 Yuki kauft einen ... Mantel.

hellen ⇨ 8
helle ⇨ 15

6 Wrong!

Go back to number 8.

7 Wrong!

Go back to number 4.

11 Wrong!

Go back to number 29.

12 Very good. Go on: Der Vater hilft ... Sohn.

dem ⇨ 16
der ⇨ 24

16 Good. Continue:

Gehen Sie ... weiter.

geradeaus ⇨ 22
mitten ⇨ 18

17 Wrong!

Go back to number 22.

21 Wrong!

Go back to number 13.

22 Correct!

Yuki schickt der Freundin ... Postkarte.
ein ⇨ 17
eine ⇨ 19

26 Wrong!

Go back to number 30.

27 Good. Continue: Ich suche ... Schlüssel.

mein ⇨ 23
meinen ⇨ 12

3 Wrong!

Go back to number 5.

4 Good. Continue:

Ich rufe morgen … .

an ⇨ 20
auf ⇨ 7

5 Correct.
Continue: Bitte bedienen Sie … .

euch ⇨ 3
sich ⇨ 13

8 Correct.
Next one: Dein Mantel gefällt … .

mich ⇨ 6
mir ⇨ 25

9 Wrong!

Go back to number 25.

10 Wrong!

Go back to number 14.

13 Correct! Continue: Ich spreche mit … Kollegen.

der ⇨ 21
dem ⇨ 29

14 Very good.
Next one:
Die Haltestelle ist … dem Bahnhof.

zu ⇨ 10
gegenüber ⇨ 30

15 Wrong!

Go back to number 2.

18 Wrong!

Go back to number 16.

19 Correct!

End of exercise.

20 Well done.
Go on: … Sie den Antrag aus!

Füllen ⇨ 5
Füllt ⇨ 28

23 Sorry!

Go back to number 27.

24 Wrong!

Go back to number 12.

25 Very good.
Continue:
Yuki legt das Buch auf … Tisch.
den ⇨ 14
dem ⇨ 9

28 Wrong!

Go back to number 20.

29 Well done.
Continue:
Kannst du … bitte einen Kaffee bringen!
mich ⇨ 11
mir ⇨ 27

30 Correct. Continue: Deutsche Lufthansa. Guten Tag! Was kann ich für … tun?
dich ⇨ 26 Sie ⇨ 4

Hurra, ich habe gewonnen!

Yuki kommt nach Hause. Frau Glück gibt ihr einen Brief.
Frau Glück: Dieser Brief ist heute für Sie gekommen.
Yuki: Von wem ist denn der Brief?
Frau Glück: Der Absender ist die Staatliche Lotterieverwaltung.
Yuki öffnet den Brief.

Sehr geehrte Frau Naito,

Ihr Los mit der Nummer 98 052 687 hat € 5 000 gewonnen. Wir gratulieren Ihnen herzlich und freuen uns, Ihnen einen Scheck über € 5 000 senden zu können.

Mit freundlichen Grüßen
Staatliche Lotterieverwaltung

Yuki:	Ich kann es nicht glauben! Ich habe gewonnen! 5 000 Euro! Das ist ja fantastisch!
Frau Glück:	Ich gratuliere Ihnen. Wo haben Sie denn das Los gekauft?
Yuki:	Neulich sind Tobias und ich ins Konzert gegangen. Anschließend haben wir noch ein Glas Wein getrunken. Auf dem Weg zum Weinlokal haben wir einen Losverkäufer gesehen und wir haben zwei Lose gekauft. Jedes Los hat einen Euro gekostet. Und jetzt habe ich 5 000 Euro gewonnen.
Frau Glück:	Vielleicht wollen Sie es Tobias erzählen? Rufen Sie ihn doch an!
Yuki:	Ja, das ist eine gute Idee. Hoffentlich ist er zu Hause.

Yuki ruft an.

Frau Gebhardt:	Gebhardt, guten Tag!
Yuki:	Hier spricht Yuki. Kann ich bitte Tobias sprechen?
Frau Gebhardt:	Tobias ist leider nicht zu Hause. Er ist heute Morgen nach Frankfurt geflogen. Er kommt erst heute Abend zurück. Kann ich etwas ausrichten?
Yuki:	Nein, danke. Ich versuche es morgen noch einmal. Vielen Dank und viele Grüße an Tobias.

Hurrah, I've won!

Yuki comes home. Mrs Glück gives her a letter.

Mrs Glück:	This letter arrived for you today.
Yuki:	Who is the letter from?
Mrs Glück:	It's from the Staatliche Lotterieverwaltung.

Yuki opens the letter.

▶

Dear Mrs Naito,

*your lottery ticket number 98 052 687 has won you € 5 000.
We congratulate you most warmly and are pleased to give you a
cheque for € 5 000.*

*Yours sincerely
Staatliche Lotterieverwaltung*

Yuki:	I can't believe it! I've won! 5 000 euros! That's just wonderful!
Mrs Glück:	Congratulations. Where did you buy the lottery ticket?
Yuki:	Tobias and I went to a concert the other day. Afterwards we went to have a glass of wine. On the way to the wine bar we saw a lottery ticket seller and bought two lottery tickets. Each lottery ticket cost one euro. And now I've won 5 000 euros.
Mrs Glück:	Perhaps you want to tell Tobias about it. Why don't you phone him?
Yuki:	Yes, that's a good idea. I hope he's at home.
Yuki phones.	
Mrs Gebhardt:	Hello, Mrs Gebhardt speaking.
Yuki:	This is Yuki speaking. Can I speak to Tobias, please?
Mrs Gebhardt:	I'm afraid Tobias is not at home. He flew to Frankfurt this morning. He won't be back until this evening. Can I give him a message?
Yuki:	No, thank you. I'll try again tomorrow. Thank you very much and give my regards to Tobias, please.

Particle doch

*Rufen Sie ihn **doch** an!*
Why don't you phone him?

Doch is used to reinforce suggestions and advice.

Perfect

Wir **haben** *Wein* **getrunken.**
We have drunk some wine.

Tobias **ist** *nach Frankfurt* **geflogen.**
Tobias has flown to Frankfurt.

The perfect tense and the preterite tense are used to talk about the past. The perfect tense is mainly used in spoken language. It is formed by using the present of the auxiliary **haben** or **sein** + past participle.

Perfect with haben

Most verbs, including reflexive verbs form the perfect tense with **haben**.

Yuki **hat** *Kartoffelsalat* **gegessen.**
(essen: past participle gegessen)
Yuki has eaten potato salad.

	haben present		past participle
ich	**habe**	*Wein*	**getrunken**
du	**hast**	*Wein*	**getrunken**
Sie	**haben**	*Wein*	**getrunken**
er / sie / es	**hat**	*Wein*	**getrunken**
wir	**haben**	*Wein*	**getrunken**
ihr	**habt**	*Wein*	**getrunken**
Sie	**haben**	*Wein*	**getrunken**
sie	**haben**	*Wein*	**getrunken**

Perfect with sein

Verbs of movement, verbs expressing change of state as
well as the verbs **sein** and **bleiben** form the perfect tense
with **sein**.

*Tobias **ist** nach Frankfurt **geflogen**.*
(fliegen: past participle geflogen)
Tobias has flown to Frankfurt.

*Ich **bin** um 8 Uhr **aufgewacht**.*
(aufwachen: past participle aufgewacht)
I woke up at 8 p.m.

*Yuki und Tobias **sind** am Sonntag im Konzert **gewesen**.*
(sein: past participle gewesen)
Yuki and Tobias went to the concert on Sunday.

*Wir **sind** zehn Tage in Amerika **geblieben**.*
(bleiben: past participle geblieben)
We stayed in America for ten days.

	sein present		past participle
ich	**bin**	*heute*	**gekommen**
du	**bist**	*heute*	**gekommen**
Sie	**sind**	*heute*	**gekommen**
er / sie / es	**ist**	*heute*	**gekommen**
wir	**sind**	*heute*	**gekommen**
ihr	**seid**	*heute*	**gekommen**
Sie	**sind**	*heute*	**gekommen**
sie	**sind**	*heute*	**gekommen**

Past participle: regular verbs

Regular verbs form the past participle with the prefix **ge-** and with the ending **-t**. With separable verbs **ge-** comes in the middle.

infinitive		past participle
fragen	to ask	**ge**frag**t**
kaufen	to buy	**ge**kauf**t**
machen	to make	**ge**mach**t**
sagen	to say	**ge**sag**t**
zahlen	to pay	**ge**zahl**t**
anfragen	to ask	**an**gefrag**t**
einkaufen	to go shopping	**ein**gekauf**t**
zusagen	to accept	**zu**gesag**t**

The regular inseparable verbs with the prefix **be-**, **emp-**, **ent-**, **er-**, **ge-**, **miss-**, **ver-** and **zer-** form the past participle without **ge-** and always take the ending **-t**.

besuchen	to visit	besuch**t**
besichtigen	to tour	besichtig**t**

Past participle: irregular verbs

Irregular verbs usually form the perfect tense with the prefix **ge-** and the ending **-en**. The vowels in the verb stem often change. With separable verbs the prefix **ge-** is in the middle.

infinitive		past participle
bleiben	to stay	**ge**blieb**en**
essen	to eat	**ge**gess**en**
finden	to find	**ge**fund**en**
fliegen	to fly	**ge**flog**en**
geben	to give	**ge**geb**en**
kommen	to come	**ge**komm**en**
nehmen	to take	**ge**nomm**en** ▶

treffen	to meet	**ge**trof**fen**
ankommen	to arrive	*an**ge**komm**en***
hinfahren	to drive (to)	*hin**ge**fahren*
mitkommen	to come with	*mit**ge**komm**en***
zurückrufen	to ring back	*zurück**ge**ruf**en***

Exceptions:

infinitive		past participle
bringen	to bring	**ge**bracht
denken	to think	**ge**dacht
wissen	to know	**ge**wuss**t**

Inseparable irregular verbs with the prefixes **be-**, **emp-**, **ent-**, **er-**, **ge-**, **miss-**, **ver-** and **zer-** as well as most verbs ending in **-ieren** form the past participle without **ge-**. The past participle of verbs ending in -ieren always takes the ending **-t**.

infinitive		past participle
beginnen	to begin	**be**gonnen
empfehlen	to recommend	**emp**fohlen
entscheiden	to decide	**ent**schieden
erfinden	to invent	**er**funden
gewinnen	to win	**ge**wonnen
misslingen	to fail	**miss**lungen
vergessen	to forget	**ver**gessen
versuchen	to try	**ver**sucht
zerbrechen	to break	**zer**brochen
prob**ieren**	to try	prob**iert**
stud**ieren**	to study	stud**iert**

Perfect: Note the position of the auxiliary and the participle

*Yuki **hat** einen Brief **erhalten**.*
Yuki has received a letter.

*Tobias **hat** die Zeitung **gelesen**.*
Tobias has read the newspaper.

*Ich **bin** in Berlin **angekommen**.*
I have arrived in Berlin.

*Du **bist** nach Hause **gefahren**.*
You have gone home.

***Bist** du nach Hause **gefahren**?*
Have you driven home?

***Ist** Tobias nach Frankfurt **geflogen**?*
Has Tobias flown to Frankfurt?

Complete the sentences using *sein* or *haben*:

Exercise 1

1. Ich .... in die Schule gegangen.

2. Was .... du gestern Abend gemacht?

3. Wo .... ihr am Nach-mittag gewesen?

4. Wir .... euch gesucht.

5. Was .... Sie für das Auto gezahlt?

6. Warum .... du nicht mit-gekommen?

7. Ich .... den Antrag unterschrieben.

8. Was .... ihr zum Früh-stück gegessen?

Exercise 2

Talk about what you did yesterday and put the expression of time at the beginning of the sentence:

Um 8.00 Uhr frühstücken
*Um 8.00 Uhr **habe** ich **gefrühstückt**.*

1. Um 8.30 Uhr in die Stadt fahren

....

2. Danach den Sprachunterricht besuchen

....

3. Um 12.00 Uhr Mittagspause machen

....

4. Um 13.00 Uhr zurück zur Schule kommen

....

5. Ab 15.00 Uhr in der Bibliothek Zeitung lesen

....

6. Danach meine Freundinnen abholen

....

7. Anschließend wir Kuchen essen und Kaffee trinken

....

8. Um 18.00 Uhr mich meine Freundinnen nach Hause bringen

....

9. Am Abend Deutsch lernen

....

10. Nachts gut schlafen

....

Ask questions in the *Sie*-form:

Freunde einladen
Haben Sie Freunde eingeladen?

1. Geld umtauschen

....

2. nach Frankfurt fliegen

....

3. U-Bahn fahren

....

4. ins Konzert gehen

....

5. Wiener Schnitzel essen

....

Put the past participle in the correct column:
*absagen, anprobieren, bedienen, besuchen, bringen, einkaufen,
erledigen, eröffnen, fahren, fliegen, geben, gehen, hinfahren,
kaufen, kommen, laufen, lesen, machen, suchen, versuchen,
wissen, zahlen*

1. (...)ge..........en

....

....

2. (...)ge..........t

....

....

3. ....t

....

....

Exercise 5

Answer the questions using the perfect:

Wann beginnt das Konzert? (19.30 Uhr)
Das Konzert hat um 19.30 Uhr begonnen.

1. Wann besuchst du die Gebhardts?

(gestern)

....

2. Wann fliegst du nach Hamburg? (vor 2

Tagen)

....

3. Wann frühstückst du? (7.00 Uhr)

....

4. Wann ruft Yuki Tobias an? (heute

Morgen)

....

5. Wann tauscht du Geld um? (am Montag)

....

Vocabulary

abfahren	to leave	**erfinden**	to invent
Absender, der, -	sender	**erhalten**	to receive
		eröffnen	to open
anfragen	to ask	**erst**	not until
aufwachen	to wake up	**fantastisch**	just
ausrichten	to give a	(*auch:* phan-	wonderful
in: Kann ich	message	tastisch)	
etwas	Can I give him	**fliegen**	to fly
ausrichten?	a message?	**Frühstück, das**	breakfast
Bank, die, -en	bank	**gewinnen**	to win
bayerisch	Bavarian	**hinfahren**	to drive (to)
besichtigen	to visit	**hoffentlich**	I hope,
bleiben	to stay		hopefully

hurra	hurrah	**Postsparbuch,**	post office
kalt	cold	**das, -"er**	savings
kochen	to cook		book
Leberkäse,	(Bavarian	**probieren**	to try
der, -	speciality	**pünktlich**	punctual
	made	**schmecken**	to taste
	of meat)	**senden**	to send
leider	I'm afraid	**studieren**	to study
misslingen	to fail	**Taxifahrer,**	taxi driver
mitkommen	to come with	**der, -**	
neulich	the other day	**Telefonnum-**	telephone
noch einmal	once again	**mer, die, -n**	number
Nummer,	number	**treffen**	to meet
die, -n		**vergessen**	to forget
öffnen	to open	**wissen**	to know
		zurückrufen	to ring back

Lotto

Lotto, the national lottery, is very popular in Germany. Every week millions of people hope to win a fortune when they hand in their lottery ticket at their local lottery counter. They mark with crosses 6 numbers from 1–49 on a lottery ticket. Every Saturday evening in a special television programme called **Ziehung der Lottozahlen** the winning numbers are drawn and announced. In addition to the Saturday lottery, there is also a lottery on Wednesday. You must have at least three correct numbers to win. For six correct numbers, winners can collect over a million euros.

Im Café

Yuki trifft sich mit zwei Freundinnen im Café.

Yuki:	Ich möchte euch einladen.
Maria:	Hast du Geburtstag?
Yuki:	Nein, aber feiern möchte ich trotzdem. Ich habe nämlich gewonnen.
Beatrice:	Was hast du denn gewonnen?
Yuki:	Ich habe ein Los gekauft und Geld gewonnen. Deshalb möchte ich euch einladen. Bitte sucht euch etwas aus.
Beatrice:	Windbeutel, gefüllt mit Sahne, Schwarzwälder Kirschtorte, Wiener Apfelstrudel. Ich weiß gar nicht, was ich bestellen soll.
Maria:	Linzer Torte, Schwäbischer Käsekuchen, Sachertorte. Ich glaube, ich muss die Bedienung fragen.
Yuki:	Hier kommt sie gerade.
Bedienung:	Guten Tag, meine Damen! Haben Sie schon gewählt?

Yuki:	Wir sind gerade dabei, aber vielleicht können Sie uns helfen?
Bedienung:	Gerne!
Beatrice:	Was ist Schwarzwälder Kirschtorte?
Bedienung:	Das ist eine Torte aus schwarzem und weißem Biskuit mit Schwarzwälder Kirschwasser, Sahne, Schokoladenstreusel und Kirschen. Ich kann diese Torte sehr empfehlen.
Beatrice:	Gut, dann nehme ich ein Stück.
Maria:	Und was ist Sachertorte?
Bedienung:	Das ist eine Schokoladentorte mit Aprikosenkonfitüre und Schokoladenglasur.
Maria:	Ich glaube, ich nehme ein Stück.
Bedienung:	Mit oder ohne Sahne?
Maria:	Mit Sahne, bitte.
Bedienung:	Und was möchten Sie?
Yuki:	Eine Käsesahnetorte, bitte.
Bedienung:	Und was möchten Sie trinken?
Beatrice:	Ein Kännchen Kaffee, bitte.
Maria:	Einen Becher heiße Schokolade, bitte.
Yuki:	Eine Tasse Kaffee, aber bitte koffeinfrei.
Die Bedienung kommt wieder.	
Yuki:	Das sieht ja lecker aus!
Maria:	Die Sachertorte schmeckt himmlisch!
Beatrice:	Ich weiß gar nicht, was ich zuerst probieren soll: die Kirschen, die Schokoladenstreusel oder die Sahne.
Yuki:	Meine Käsesahne ist auch köstlich.
Die Bedienung kommt wieder.	
Bedienung:	Hat es Ihnen geschmeckt?
Beatrice:	Wirklich vorzüglich.
Yuki:	Ich möchte bitte bezahlen.
Bedienung:	Alles zusammen?
Yuki:	Ja, bitte.
Bedienung:	Was haben Sie gehabt?

▶

> Yuki: Einmal Schwarzwälder Kirschtorte, einmal
>   Sachertorte mit Sahne und einmal Käsesahne.
>   Außerdem ein Kännchen Kaffee, eine Tasse
>   koffeinfreien Kaffee und eine heiße Schokolade.
> Bedienung: Das macht zusammen 13 Euro und 80 Cent.
> Yuki legt einen Zwanzig-Euro-Schein auf den Tisch.
> Yuki: 15 Euro, bitte.
> Bedienung: Vielen Dank!

In a café

Yuki meets two friends in a cafe.

Yuki: I want you to be my guests.

Maria: Is it your birthday?

Yuki: No, but I want to celebrate something nevertheless.
            The reason is I've won something.

Beatrice: What have you won?

Yuki: I bought a lottery ticket and have won some money.
            That's why I want you to be my guests. Please choose
            something.

Beatrice: Cream puff, Black Forest Gateau, Viennese apple
            strudel. I don't know what I should order.

Maria: Linzer Torte, Swabian cheesecake, Sachertorte. I think
            I'll have to ask the waitress.

Yuki: She's just coming.

Waitress: Good afternoon, ladies. Have you already decided what
            you want?

Yuki: We're just thinking about it. But perhaps you could
            help us.

Waitress: Certainly.

Beatrice: What is Black Forest Gateau?

Waitress: It's a gateau made of chocolate and vanilla sponge cake
            soaked in Black Forest kirsch, whipped cream, chocolate
            bits and cherries. I can highly recommend this gateau.

Beatrice: Good, then I'll have a piece.

Maria: And what is Sachertorte?

Waitress: It's a chocolate cake filled with apricot jam and choco-
            late icing.

Maria: I think I'll have a piece.

Waitress: With or without whipped cream?

Maria:	With whipped cream, please.
Yuki:	A piece of cream cheese gateau, please.
Waitress:	And what would you like to drink?
Beatrice:	A pot of coffee, please.
Maria:	A mug of hot chocolate, please.
Yuki:	A cup of coffee, but decaffeinated.
The waitress comes back again.	
Yuki:	That looks delicious.
Maria:	The Sachertorte tastes absolutely wonderful.
Beatrice:	I don't know what to try first: the cherries, the chocolate bits or the cream.
Yuki:	My cream cheese gateau is also very tasty.
The waitress comes back again.	
Waitress:	Did you enjoy it?
Beatrice:	Really exquisite.
Yuki:	The bill, please.
Waitress:	Just one bill?
Yuki:	Yes, please.
Waitress:	What did you have?
Yuki:	One Black Forest Gateau, one Sachertorte with whipped cream, and one cream cheese cake, and one pot of coffee, one cup of decaffeinated coffee and one hot chocolate.
Waitress:	That's 13 euros and 80 cents.
Yuki puts one 20-euro note on the table.	
Yuki:	15 euros, please.
Waitress:	Thank you very much.

Word order change with adverbs

Hier *kommt sie gerade.*
She is just coming.

Deshalb *möchte ich euch einladen.*
That's why I want to invite you (to coffee and cake).

If the adverb is at the beginning of a sentence, the word order changes.

Er ist   **hoffentlich**   *zu Hause.*

Hoffentlich   *ist er*   *zu Hause.*

Exercise 1

Put the adverbs
at the beginning
of the sentence:

1. Die Freundinnen gehen **sonntags** spazieren.

....

2. Tobias ist **leider** nicht zu Hause.

....

3. Yuki lädt **heute** Maria und Beatrice ins Café ein.

....

4. Wir haben **gestern** Kuchen gegessen.

....

5. Wir nehmen **gerne** eure Einladung an.

....

Exercise 2

Put the past
participle in
the correct
column:
gewinnen,
haben,
essen,
trinken,
schmecken,
kaufen,
wählen,
probieren,
frühstücken,
studieren

1. ge-..........-en

....

....

....

2. ge-..........-t

....

....

....

3. ....-t

....

....

....

Complete the sentences using the past participle of the verbs given:
finden, **trinken**, **sein**, **schmecken**, **essen**, **bestellen**

Exercise 3

1. Wir haben Kuchen ....

   und Kaffee ....

2. Welchen Kuchen hast du ....?

3. Bedienung: »Hat es Ihnen ....?«

4. Habt ihr das Café ....?

5. Maria und Beatrice sind am Nachmittag

   im Café ....

What do you say and what does the waitress say in the following situations?

Exercise 4

1. Sie sind mit Freunden im Café.
   Sie wollen bestellen.

   ....

   ....

2. Die Bedienung kommt.

   ....

   ....

3. Sie haben gegessen und getrunken und wollen bezahlen.

   ....

   ....

4. Was fragt die Bedienung dann?

   ....

   ....

Vocabulary

alles zusammen	just one bill
Aprikosen-konfitüre, die, -n	apricot jam
aussuchen	to choose
Becher, der, -	mug
bestellen	to order
Biskuit, der, -s	sponge cake
dabei sein *in:* wir sind gerade dabei	we're just thinking about it
einladen	to invite
feiern	to celebrate
füllen	to fill
gar nicht *in:* ich weiß gar nicht	I don't know
gerade	just
gestern	yesterday
himmlisch	absolutely wonderful
Kännchen, das, -	pot
Käsesahne-torte, die, -n	cream cheese gateau
Kirsche, die, -n	cherry
Kirschwasser, das	kirsch
koffeinfrei	decaffeinated
köstlich	tasty
lecker	delicious
leider	unfortunately
Linzer Torte, die, -n	Linzer Torte
normalerweise	normally
probieren	to taste
Sachertorte, die, -n	Sachertorte
Sahne, die	whipped cream
Schokoladen-glasur, die, -n	chocolate icing
Schokoladen-streusel, die, *(Pl.)*	chocolate bits
Schwäbischer Käsekuchen, der, -	Swabian cheesecake
Schwarzwälder Kirschtorte, die, -n	Black Forest Gateau
spazieren gehen	to go for a walk
Stück, das, -e	piece
Torte, die, -n	gateau
trotzdem	nevertheless
Vanilleeis, das	vanilla icecream
vorzüglich	exquisite
wieder-kommen	to come back
Wiener Apfelstrudel, der, -	Viennese apple strudel
Windbeutel, der, -	cream puff
Zehn-Euro-Schein, der, -e	ten-euro note

In a café

In a café there is often a selection of up to twenty different kinds of cakes or gateaux. When you order a cake, the waitress will ask you *Mit oder ohne Sahne?* (With or without whipped cream?) You order *eine Tasse Kaffee* (a cup of coffee) or *ein Kännchen Kaffee* (a pot of coffee), which is about two cups of coffee. To attract the waiter's attention you call out *Ober*. You catch his eye, signal with your hand and say *Bitte!* or *Bezahlen bitte!* (Excuse me or The bill, please). It is not unusual for the waiter or waitress to ask you what you have ordered. Normally, you will also be asked if everything is to go on the one bill; *Alles zusammen?* If you want separate bills you say: *Getrennt bitte!* It is customary to give the waiter or waitress a tip, even if it says *Bedienung inklusive* (service included) on the menu. Normally you round off the bill or you give a tip of about 10%.

15 Geburtstagsfeier mit Freunden

Heute ist der 1. Mai und Yuki hat Geburtstag. Sie hat Freunde eingeladen.

Maria: Herzlichen Glückwunsch zum Geburtstag, Yuki!

Yuki: Vielen Dank! Ich freue mich, dass du gekommen bist.

Maria gibt Yuki ein kleines Geschenk.

Yuki: Vielen Dank!

Beatrice: Auch von mir alles Gute zum Geburtstag! Hier ist eine kleine Überraschung für dich.

Yuki: Das ist aber nett von dir. Danke!

Beatrice gibt Yuki ein großes Päckchen.

Yuki: Ein Gast fehlt noch.

Maria: Wen erwartest du noch?

Yuki: Ich habe auch Tobias eingeladen. Ihr kennt ihn noch nicht.

Frau Glück: Männer sind doch meistens pünktlich!

Es klingelt.

Tobias: Entschuldigung, Yuki, ich habe die Straßenbahn verpasst. Darf ich dir alles Gute zum Geburtstag wünschen? Dieser Blumenstrauß ist für dich.

Yuki: Vielen Dank! So ein herrlicher Frühlingsstrauß! Oh, da ist ja auch noch ein Päckchen und eine Karte. Vielen herzlichen Dank, Tobias!

Yuki legt das Päckchen auf den Tisch.

Frau Glück: Jetzt müssen Sie aber Ihre Geschenke auspacken.

Yuki: Welches soll ich zuerst auspacken?

Maria: Mach doch das kleinste Geschenk zuerst auf!

Yuki: Also, gut.

Yuki packt zuerst das kleinste Geschenk aus: Es ist eine CD der Bamberger Symphoniker. Danach öffnet sie das größere Päckchen: Es ist ein deutsch-japanisches Wörterbuch. Zuletzt öffnet sie das größte Päckchen: Es ist ein Schokoladenmaikäfer.

Yuki: So viele Geschenke! Eines ist schöner als das andere. Damit habt ihr mir eine große Freude bereitet.

Es ist Abend. Die Gäste sind gegangen.

Frau Glück: Wie hat Ihnen Ihr Geburtstag gefallen, Yuki?

Yuki: Wirklich sehr gut. Ich weiß gar nicht, was mir am besten gefallen hat: die Geschenke oder das Essen.

Celebrating a birthday with friends

Today is May 1st and it's Yuki's birthday. She has invited friends round.

Maria: Happy birthday, Yuki.

Yuki: Thank you very much. I'm glad that you could come.

Maria gives Yuki a small present.

Yuki:	Thank you so much.
Beatrice:	Many happy returns of the day from me, too. Here is a little surprise for you.
Yuki:	That's very nice of you, thank you.

Beatrice gives Yuki a small parcel.

Yuki:	One guest is still to come.
Maria:	Who are you expecting?
Yuki:	I've invited Tobias, too. You don't know him yet.
Mrs Glück:	I thought men were usually punctual.

The bell rings.

Tobias:	Sorry, Yuki, I missed the tram. I'd like to wish you a very happy birthday. This bunch of flowers is for you.
Yuki:	Thank you very much. What a lovely bunch of spring flowers. Oh, and there's a parcel and card, too. Thank you ever so much, Tobias.

Yuki puts the parcel on the table.

Mrs Glück:	Now you must open your presents.
Yuki:	Which one should I open first?
Maria:	Why don't you open the little present first?
Yuki:	Okay, then.

Yuki opens the smallest present first; it's a CD of the Bamberger Symphoniker. Then she opens the larger parcel: it is a German-Japanese dictionary. Finally she opens the largest parcel: it is a chocolate May bug.

Yuki:	I've got so many presents. I don't know which is the nicest. You've really made my day.

It's evening. The guests have left.

Mrs Glück:	How did you enjoy your birthday?
Yuki:	It was really very nice. I don't know what I liked best, the presents or the meal.

The comparison of adjectives

The degrees of comparison are:

(positive)	(comparative)	(superlative)
groß	**größer**	**am größten**
large	larger	largest

Predicative adjectives

*Dieses Päckchen ist **schwer**.*
This parcel is heavy.

*Das andere Päckchen ist **schwerer**.*
The other parcel is heavier.

*Das Päckchen von Beatrice ist **am schwersten**.*
Beatrice's parcel is the heaviest.

The comparative is formed by adding the ending **-er** and the superlative by placing **am** before the adjective and adding the ending **-sten** to the adjective.

positive	comparative	superlative
klein	*klein**er***	***am** klein**sten***
small	smaller	smallest

Specials forms:
a, o, u → ä, ö, ü

warm	*w**ä**rm**er***	*am w**ä**rm**sten***
warm	warmer	the warmest
groß	*gr**öß**er*	*am gr**öß**ten*
large	larger	the largest
jung	*j**ü**ng**er***	*am j**ü**ng**sten***
young	younger	the youngest

*-**est** in the superlative after **-t**, **-ß** and **sch***

breit	*breit**er***	*am breit**esten***
wide	wider	the widest
heiß	*heiß**er***	*am heiß**esten***
hot	hotter	the hottest
hübsch	*hüb**scher***	*am hübsch**esten***
pretty	prettier	the prettiest

Irregular forms:

gut	*besser*	*am besten*
good	better	the best
viel	*mehr*	*am meisten*
much	more	the most
gern	*lieber*	*am liebsten*
many	more	the most
hoch	*höher*	*am höchsten*
high	higher	the highest
nah	*näher*	*am nächsten*
near	neare	nearest
teuer	*teurer*	*am teuersten*
expensive	more expensive	most expensive
dunkel	*dunkler*	*am dunkelsten*
dark	darker	darkest

Attributive adjectives

*Yuki öffnet das **größere** Päckchen nach dem **kleinsten** Geschenk.*
Yuki opens the larger parcel after the smallest present.

The comparative attributive adjective takes the ending **-er** plus the adjectival ending. The superlative attributive adjective takes the ending **-st** plus the adjectival ending.

Exercise 1

Make sentences using the adjectives below in the positive, comparative and superlative:
fleißig, hoch, schnell

Stuttgart / München / Berlin
Stuttgart ist groß, München ist größer und Berlin ist am größten.

1. Hans / Tobias / Franz

....

....

2. Rathaus / Olympiaturm / Alpen

....

....

3. Fahrrad / U-Bahn / Flugzeug

....

....

**Fill in the
comparative
and the
superlative:**

Exercise 2

1. viel

comparative ....

superlative ....

2. klein

comparative ....

superlative ....

3. groß

comparative ....

superlative ....

4. gut

comparative ....

superlative ....

5. teuer

comparative ....

superlative ....

Comparison using als

Yuki ist 150 cm groß.
Yuki is 150 cm (tall).
Yuki ist **kleiner als** Tobias.
Yuki is smaller than Tobias.

Tobias ist 184 cm groß.
Tobias is 184 cm (tall).
Tobias ist **größer als** Yuki.
Tobias is taller than Yuki.

Yuki ist 20 Jahre alt.
Yuki is 20 years old.
Yuki ist **jünger als** Tobias.
Yuki is younger than Tobias.

Tobias ist 24 Jahre alt.
Tobias is 24 years old.
Tobias ist **älter als** Yuki.
Tobias is older than Yuki.

In comparisons the comparative + **als** is used when a difference is being made.

Exercise 3

Yuki has gone shopping. Make comparative sentences with **als:**

Weißwein 4 Mark,
Rotwein 5 Mark (teuer)
Der Rotwein ist teurer als der Weißwein.

1. Äpfel, Kirschen (groß)

....

....

2. Roggenbrot, Weißbrot (dunkel)

....

....

3. Kleid rot, Kleid weiß (schön)

....

....

4. Schuhe schwarz, Schuhe grüne (schick)

....

....

Subordinate clauses with dass

*Ich freue mich, **dass** du gekommen bist.*
I am glad that you have come.

Dass is a conjunction which links the main clause ***Ich freue mich*** and the subordinate clause ***dass du gekommen bist***. *Dass* is often used after verbs such as *sagen* (say), *meinen* (think), *glauben* (believe), *wissen* (know), *hoffen* (hope), *mögen* (like), *wünschen* (wish), *sich freuen* (be glad) *vorschlagen* (suggest); they are words which express an opinion and verbs which express a whish or feeling. Main and subordinate clauses are separated by a comma. The verb is always found at the end of the subordinate clause.

subject	verb	conjunction	subject		verb
Yuki	freut sich,	**dass**	ihre Freunde		gekommen sind.
Yuki is glad that her friends have come.					
Ich	hoffe,	**dass**	er		kommt.
I hope that he'll come.					
Ich	schlage vor,	**dass**	wir	uns im Café	treffen.
I suggest that we meet in the café.					
Du	weißt doch,	**dass**	er	nicht pünktlich	ist.
You know very well that he is not punctual.					
Die Mutter	möchte,	**dass**	das Kind	in die Schule	geht.
The mother wants her child to go to school.					
Die Lehrerin	wünscht,	**dass**	die Schüler	fleißig	lernen.
The teacher wants her students to study hard.					
Ich	glaube,	**dass**	der Zug	pünktlich	ankommt.
I believe the train will arrive on time.					
Wir	gehen davon aus,	**dass**	du	den Job	bekommst.
We assume that you'll get the job.					

Exercise 4

Form sentences using *dass*:

1. Wir freuen uns / du lädst uns zum Geburtstag ein

....

....

2. Ich hoffe / wir sehen am Wochenende die Alpen

....

....

3. Frau Glück meint / Yuki ist eine ruhige Mitbewohnerin

....

....

4. Frau Gebhardt hofft / ihr Mann hat Wein gekauft

....

....

5. Tobias geht davon aus / er bekommt einen neuen Job

....

....

Vocabulary

Alles Gute zum Geburtstag!	Many happy returns of the day! *or* Happy birthday!	**berühmt**	famous
		breit	wide
		CD, die, -s	CD
		damit	with that
am liebsten	the most	**Darf ich dir**	I'd like to
am meisten	the most	**alles Gute zum**	wish you a
auspacken	to open	**Geburtstag**	very happy
bereiten *in:*	to give pleasure	**wünschen?**	birthday.
Freude bereiten		**dass**	that

davon ausgehen	to assume	hoch	high
dunkel	dark	Job, der, -s	job
erwarten	to expect	Karte, die, -n	card
fehlen	to miss	legen	to put
Feiertag, der, -e	holiday	meistens	usually
fleißig	hard	nah	near
Freude bereiten	to give pleasure	Päckchen, das, -	small parcel
Frühlings-	bunch of	schön	nice
strauß, der, -"e	spring flowers	Schokoladen-	chocolate
gar nicht	really	maikäfer, der, -	May bug
Geburtstags-	birthday	Straßenbahn,	tram
feier, die, -n	party	die, -en	
Geschenk,	present	Tomate, die, -n	tomato
das, -e		verpassen	to miss
Herzlichen	Happy	vorschlagen	to suggest
Glückwunsch	birthday!	Werktag, der, -e	weekday
zum Geburts-		Wörterbuch,	dictionary
tag!		das, -"er	
		zuletzt	finally

Religious holidays and public holidays

There are a large number of official holidays in Germany. Public holidays are 1st January, **Neujahr** (New Year's Day), 1st May, **Tag der Arbeit** (Labour Day), and **Tag der deutschen Einheit** (German Unity Day), a remembrance day on which, in official ceremonies, the German people remember the unification of Germany on 3rd October 1989.

There is also no lack of holidays of religious origin. **Karfreitag** (Good Friday), **Ostersonntag** (Easter Sunday), **Ostermontag** (Easter Monday), **Pfingstsonntag** (Whit Sunday) and **Pfingstmontag** (Whit Monday) as well as the **1. und 2. Weihnachtstag** on 25th and 26th December (Christmas Day and Boxing Day).

Beim Arzt

Heute ist der 2. Mai. Yuki hat schlecht geschlafen.

Frau Glück: Guten Morgen, Yuki! Geht es Ihnen nicht gut? Sie sehen so blass aus.

Yuki: Ich weiß nicht, was mit mir los ist. Mir ist übel und ich habe kaum geschlafen. Ich glaube, ich bin krank.

Frau Glück: Jetzt trinken Sie erst einmal einen schwarzen Tee. Vielleicht geht es Ihnen dann besser.

Yuki: Nein danke, ich möchte nichts trinken.

Frau Glück: Sie sollten zum Arzt gehen. Ich sehe gleich mal nach, wann mein Hausarzt Sprechstunde hat.

Frau Glück sucht im Telefonbuch die Nummer von Dr. Köhler, ihrem Hausarzt, und findet auch die Sprechzeiten.

Frau Glück: Montag bis Freitag von 9–12 Uhr und von 14–18 Uhr außer Mittwochnachmittag. Ohne vorherige Anmeldung. Alle Kassen.

Yuki: Was bedeutet »Alle Kassen«?

Frau Glück: Das heißt, er behandelt nicht nur Privatpatienten, sondern auch Kassenpatienten. Bei welcher Krankenkasse sind Sie denn versichert?

Yuki:	Bei der AOK.
Frau Glück:	Dann haben Sie ein Versicherungskärtchen. Das müssen Sie mitnehmen und der Sprechstundenhilfe geben. Wollen Sie gleich zum Arzt gehen?
Yuki:	Ja. Ich glaube, ich nehme ein Taxi.
Yuki ist bei Dr. Köhler.	
Dr. Köhler:	Was fehlt Ihnen denn?
Yuki:	Mir ist so übel.
Dr. Köhler:	Sie sehen nicht gut aus. Seit wann ist Ihnen denn übel?
Yuki:	Seit heute Morgen.
Dr. Köhler:	Haben Sie Fieber?
Yuki:	Nein, ich glaube nicht.
Dr. Köhler:	Was haben Sie gestern gegessen und getrunken?
Yuki:	Ich habe zwei Stück Käsesahnetorte gegessen und Kaffee getrunken, anschließend Käse und Brot gegessen und dann noch zwei Gläser Weißwein getrunken. Ich habe gestern nämlich meinen Geburtstag gefeiert.
Dr. Köhler:	Herzlichen Glückwunsch nachträglich. Ihrem japanischen Magen ist das deutsche Essen aber nicht bekommen. Kaffee und Weißwein übersäuern den Magen und dann noch Käsesahnetorte. Da ist es kein Wunder, dass Ihr Magen rebelliert.
Yuki:	Was soll ich jetzt machen?
Dr. Köhler:	Heute jedenfalls nichts mehr essen. Trinken Sie Kamillentee und nehmen Sie von diesen Tropfen dreimal täglich zwanzig. Ich verschreibe sie Ihnen. Hier, Ihr Rezept. Und legen Sie sich heute am besten ins Bett. Morgen wird es Ihnen wieder besser gehen.
Yuki:	Ja, das mache ich.
Dr. Köhler:	Gute Besserung!

At the doctor's

It's May 2nd today. Yuki hasn't slept very well.

Mrs Glück: Good morning, Yuki! Don't you feel very well? You look very pale.

Yuki: I don't know what's wrong with me. I feel sick and I've hardly slept at all. I think I'm ill.

Mrs Glück: Well, first of all have some tea. Perhaps you'll feel better then.

Yuki: No thanks. I don't want anything to drink.

Mrs Glück: You ought to go to the doctor's. I'll have a look and see when my general practitioner holds his surgery.

Mrs Glück looks in the phone book for Dr Köhler's number and also finds the surgery hours.

Mrs Glück: Monday to Friday from 9–12 a.m. and from 2–6 p.m. except Wednesday afternoons. No appointment necessary. All insurance schemes.

Yuki: What does "All insurance schemes" mean?

Mrs Glück: That means he doesn't only treat private patients but also non-private patients. Where are you insured?

Yuki: At the AOK.

Mrs Glück: Then you've got a medical insurance card. You'll have to take it with you and give it to the receptionist. Do you want to go to the doctor's immediately?

Yuki: Yes I do. I think I'll take a taxi.

Yuki is at Doctor Köhler's.

Dr. Köhler: What's wrong with you?

Yuki: I feel sick.

Dr. Köhler: You certainly don't look very well. How long have you been feeling sick?

Yuki: Since this morning.

Dr. Köhler: Have you got a temperature?

Yuki: No, I don't think so.

Dr. Köhler: What did you have to eat and drink yesterday?

Yuki: I had two pieces of cream cheese cake and some coffee, afterwards some bread and cheese and then I drank two glasses of white wine. You see I was celebrating my birthday yesterday.

Dr. Köhler: Well, belated happy returns of the day. But our German food didn't agree with your Japanese stomach. Coffee and white wine give you an acid stomach and then the cream cheese cake on top of that. It's not surprising that your stomach is rebelling.

Yuki: What should I do now?

Dr. Köhler: Well, you certainly shouldn't eat anything more today. Drink camomile tea and take twenty of these drops three times a day. I'll give you a prescription for them. Here you are. And the best thing is to stay in bed today. You'll feel much better tomorrow.

Yuki: Yes. I'll do that.

Dr. Köhler: I hope you feel better soon.

Negation with nicht or kein

Haben Sie das Fieberthermometer?
Have you got the thermometer?

*Ich habe es **nicht**.*
I haven't got it.

Haben Sie ein Versicherungs-
kärtchen?
Have you got an insurance card?

*Ich habe **kein** Ver-*
sicherungskärtchen.
I haven't got a card.

Haben Sie Fieber?
Have you got a temperature?

*Ich habe **kein** Fieber.*
I haven't got a tempe-
rature.

When the noun has a definite article, the negative particle **nicht** is used. When the noun has an indefinite article or no article, the negative particle **kein** is used.

Complete the sentences with *nicht* or *kein*:

Exercise 1

1. Wo ist die Wärmflasche?

Ich finde sie ....

2. Haben Sie einen Termin?

Nein, ich habe .... Termin.

3. Haben Sie Husten?

Nein, ich habe .... Husten.

4. Ich habe die Apotheke .... gleich gefunden.

5. Frau Glück hat .... Zahnschmerzen.

nicht or nichts

Yuki hat den schwarzen Tee getrunken.
Yuki has drunk some tea.

Negative: *Yuki hat den schwarzen Tee **nicht** getrunken.*
Yuki hasn't drunk any tea.

Yuki möchte etwas trinken.
Yuki would like something to drink.

Yuki möchte schwarzen Tee trinken.
Yuki would like to drink some tea.

Negative: *Yuki möchte **nichts** trinken.*
Yuki doesn't want to drink anything.

Nicht makes a sentence negative. **Nichts** stands for a nominative or accusative complement.

Additional words of negation

nie / niemals
*Er ruft **nie** an.*   He never phones.
*Er ruft **niemals** an.*   He never ever phones.

niemand
Niemand *ist im Haus.*   Nobody is at home.

nirgends / nirgendwo
Ich kann das Buch   I can't find the book
nirgends *finden.*   anywhere.
Ich kann das Buch   I can't find the book
nirgendwo *finden.*   anywhere at all.

nie und nimmer
*Ich will Sie **nie und***   I never ever want to see
nimmer *sehen.*   you again.

What is the positive equivalent?

1. nie   a jemand
2. niemand   b irgendwo
3. nirgendwo   c etwas
4. keiner   d einmal
5. nichts   e einer

---

nicht nur ... sondern auch

*Er behandelt **nicht nur** Privatpatienten, **sondern auch** Kassenpatienten.*
He doesn't only treat private patients, but also non-private patients.

*Yuki spricht **nicht nur** Deutsch, **sondern auch** Englisch.*
Yuki doesn't only speak German, but also English.

The coordinating conjunctions ***nicht nur ... sondern auch*** join words or groups of words. They indicate that something will be added to what has already been said.

Join sentences with *nicht nur ... sondern auch*:

1. Tobias Deutsch sprechen – Englisch

   ....

2. Frau Glück kaufen Obst – Gemüse

   ....

3. Der Bäcker backen Brot – Brötchen

   ....

4. Wir Kuchen essen – Kaffee trinken

   ....

5. Du lesen Bücher – hören Konzerte

   ....

Complete the text using the following words:
nicht (4x), *nichts (3x)*, *keine (3x)*, *kein*, *nicht nur ... sondern auch*, *nie*, *nie und nimmer*

Eine phantastische Geschichte

Eine Maus geht in der Stadt spazieren. Sie heißt Mona. Sie hat seit Tagen .... gegessen und nur Wasser getrunken. Sie ist hungrig und traurig. Sie sieht .... gut aus. Da trifft sie eine Katze. Sie heißt Lisa. Sie hat gegessen. Sie ist satt und glücklich. Die Katze sagt zur Maus: »Was ist los mit dir, Mona? Du siehst .... gut aus.« Die Maus antwortet: »Ich habe seit Tagen .... gegessen und .... getrunken. Ich habe .... Wohnung, ... Kleider, ... Freunde und .... Geld. Ich bin unglücklich.«

Lisa sagt zu Mona: »Komm doch mit zu mir. Ich lade dich ein.« Die Maus kann das .... glauben. Sie fragt vorsichtig: »Darf ich wirklich zu dir kommen?« »Warum glaubst du mir ....?«, fragt die Katze. »Noch .... ist eine Katze so freundlich zu mir gewesen«, antwortet die Maus. »Katzen und Mäuse können .... Freundinnen werden.« »Wir probieren es einfach«, antwortet die Katze. Dann hat sie die Maus mit nach Hause genommen. Sie hat ihr zu essen und zu trinken gegeben, sie hat ihre Freundinnen kennengelernt und sie hat bei ihr gewohnt. Nach einigen Wochen sagt die Maus zur Katze: »Du hast mir .... zu essen und zu trinken gegeben, ... mir .... Kleider und deine Wohnung gegeben. Was kann ich für dich tun? Ich möchte dir etwas schenken.«

»Schenk mir einfach dein Herz«, antwortete die Katze. Seitdem
heißen sie Mona-Lisa.

Anmeldung, die, -en *in:* **ohne vorherige Anmeldung**	appointment	**kaum**	hardly
außer	except	**Kleider, die** *(Pl.)*	clothes
behandeln	to treat	**krank**	ill
Besserung *in:* **gute Besserung!**	I hope you'll feel better soon	**Krankenhaus, das -"er**	hospital
blass	pale	**Krankenkasse, die, -en**	health insurance
erst einmal	first of all	**los sein** *in:* **etwas ist mit mir los**	something is wrong with me
fehlen *in:* **Was fehlt Ihnen denn?**	What's wrong with you	**Magen, der, -"**	stomach
Fieber, das	temperature	**Maus, die, -"e**	mouse
Fieberthermo- meter, das, -	thermometer	**messen**	to measure
gehen *in:* **es geht mir besser**	I feel better	**mitnehmen**	to take with you
Geschichte, die, -n	story	**nachsehen**	to have a look
		nachträglich	belated
Hausarzt, der, -"e	general practitioner	**nicht nur ... sondern auch**	not only ... but also
Herz, das, -en	heart	**nie**	never
Husten, der	cough	**nie und nimmer**	never ever
jedenfalls	certainly	**niemals**	never (ever)
Kamillentee, der, -s	camomile tea	**niemand**	nobody
		nirgends	nowhere
Kasse, die, -n *in:* **Kranken- kasse**	health insurance plan	**nirgendwo**	nowhere at all
		phantastisch *(auch:* **fantastisch***)*	phantastic
Kassenpatient, der, -en	non-private patient	**Privatpatient, der, -en**	private patient
		rebellieren	to rebel
		Rezept, das, -e	prescription

satt *in*: satt sein	full	übersäuern *in*: übersäuerter Magen	acidity of the stomach
schlecht	bad	verschreiben	to prescribe
seitdem	since	Versicherungs- kärtchen, das, -	medical insurance card
Sprechstunde, die, -n *in*: Sprechstunde haben	surgery		
		vorherig	previous
Sprechstunden- hilfe, die, -n	receptionist	Wärmflasche, die, -n	hot water bottle
Sprechzeit, die, -en	surgery hours	Weißwein, der, -e	white wine
Telefonbuch, das, -"er	phone book	Wunder, das, *in*: kein Wunder	not surprising
Termin, der, -e	appointment		
traurig	sad	Zahnschmer- zen, die *(Pl.)*	toothache
Tropfen, der, -	drop		
übel	sick		

Health Service

In Germany every employee whose salary does not exceed a certain level must have health insurance and automatically becomes a member of a compulsory health insurance scheme. The contribution level depends on one's income. The employer pays half and the other half is paid by the employee. Other members of the family who have no income are automatically insured. If an employee's income exceeds a certain level she/he must pay voluntary contributions to a compulsory health insurance scheme or must be privately insured. Here too, the employee and employer share contributions.

In der Apotheke

Auf dem Weg nach Hause kommt Yuki an einer Apotheke vorbei.

Apothekerin: Bitte schön?

Yuki: Ich habe ein Rezept.

Apothekerin: Einen Moment bitte.

Die Apothekerin geht mit dem Rezept zu einem großen Schrank und holt das Medikament für Yuki.

Apothekerin: Hier sind Ihre Tropfen. Sie müssen dreimal täglich zwanzig Tropfen nehmen. Am besten vor dem Essen. Brauchen Sie sonst noch etwas?

Yuki: Ja, Kopfschmerztabletten.

Apothekerin: Möchten Sie eine bestimmte Sorte?

Yuki: Können Sie mir eine bestimmte Sorte empfehlen?

Apothekerin: Ich empfehle Ihnen »Aspirin plus C®«. Wollen Sie die große oder die kleine Packung?

Yuki:	Wie viele Tabletten sind in der großen Packung?
Apothekerin:	Die große Packung enthält 40 Tabletten und kostet € 6,20 und die kleine mit 20 Stück kostet € 3,50.
Yuki:	Ich nehme die große Packung.
Apothekerin:	Möchten Sie sonst noch etwas?
Yuki:	Haben Sie auch Sonnenmilch?
Apothekerin:	Ja, ich zeige Ihnen unsere Auswahl.
Yuki:	Gerne.
Apothekerin:	Also, hier ist eine Flasche mit 200 ml zu € 9,50. Diese Flasche enthält 150 ml und kostet € 7,10. Und diese hier ist im Angebot und kostet nur € 6,95. Sie enthält 200 ml.
Yuki:	Das heißt, diese Flasche enthält so viel wie diese?
Apothekerin:	Ja, die Flasche im Angebot ist aber billiger als diese.
Yuki:	Dann nehme ich die günstigere Sonnenmilch.
Apothekerin:	Ist das alles?
Yuki:	Ja, das ist alles. Was macht das?
Apothekerin:	Also, die Tropfen … für die kleinste Packung müssen Sie € 4,50 zuzahlen, die Kopfschmerztabletten kosten € 6,20 und die Sonnenmilch € 6,95. Macht zusammen € 17,65.

Yuki bezahlt und bekommt ein Tütchen mit ihren Medikamenten und der Sonnenmilch.

Yuki:	Vielen Dank.
Apothekerin:	Auf Wiedersehen und gute Besserung!

At the chemist's

On her way home Yuki passes a chemist's.
Chemist: Can I help you?
Yuki: I've got a prescription.
Chemist: Just a moment, please.
The Chemist: goes up to a large cupboard with the prescription and gets
the medicine for Yuki.
Chemist: Here are your drops. You must take twenty drops three
             times a day, preferably before a meal. Do you need any-
             thing else?
Yuki: Yes, please. Headache tablets.
Chemist: Do you want any particular kind?
Yuki: Can you recommend any?
Chemist: I'd recommend »Aspirin plus C ®«. Do you want the
             large or the small packet?
Yuki: How many tablets are there in the large packet?
Chemist: The large packet contains 40 tablets and costs
             6 euros 20 cents and the small one with 20 tablets costs
             3 euros 50 cents.
Yuki: I'll take the large packet.
Chemist: Do you want anything else?
Yuki: Have you got any sun lotion?
Chemist: Yes, we have. I'll show you our selection.
Yuki: Thank you.
Chemist: Well, here's a bottle with 200 ml for 9 euros 50 cents.
             This bottle contains 150 ml and costs 7 euros 10 cents.
             And this one here is a special offer and costs only 6
             euros 95 cents. It contains 200 ml.
Yuki: That means this bottle contains as much as that one?
Chemist: Yes, but the special offer is cheaper than that one.
Yuki: I'll take the cheaper one, then.
Chemist: Is that all?
Yuki: Yes, that's all. How much is that?
Chemist: Let me see, the drops … for the smallest packet you
             have to pay your contribution of 4 euros 50 cents, the
             aspirin® costs 6 euros 20 cents and the sun lotion costs
             6 euros 95 cents. That makes 17 euros and 65 cents
             altogether.
Yuki pays and is given a small carrier bag with her medicine and the sun
lotion. She is also given a small packet of tissues.
Yuki: Thank you very much.
Chemist: Goodbye and I hope you feel better soon.

Comparisons with so ... wie

*Diese Flasche enthält **so** viel*   This bottle contains as much
***wie** diese.*   as this one.
*Franz ist **so** groß **wie** Hans.*   Franz is as tall as Hans.

In comparative sentences ***so** ... **wie*** is used when the objects
are the same.

Exercise 1

Make sentences
with **so ... wie**:

1. Hose   Jacke   teuer

....

2. Frau Gebhardt   Frau Glück   alt

....

3. Nelken   Rosen   schön

....

4. Vollkornbrot   Pumpernickel   gesund

....

Exercise 2

Match the following:

1. Das Empire State Building   **a** als der Lastwagen.
     ist höher

2. David ist so groß   **b** als der Film.

3. Der Porsche fährt schneller   **c** wie Hans.

4. Das Buch ist spannender   **d** als der Eiffelturm.

Tick the correct answer:

1. Was kann man in einer Apotheke kaufen?

a ☐ Sonnenmilch   **d** ☐ Zäpfchen

b ☐ Pflaster   **e** ☐ Tabletten

c ☐ Salben   **f** ☐ Rezepte

2. Wer arbeitet im Krankenhaus?

a ☐ Krankenschwester   **d** ☐ Patient

b ☐ Apothekerin   **e** ☐ Sprech-stunden-hilfe

c ☐ Anästhesist   **f** ☐ Ärztin

Form compounds. Some nouns comprise three words. Certain words are linked with an **s**. The last noun determines the article: *das Tempo*, *die Versicherung*, *der Kopf*, *die Hilfe*, *die Versicherung*, *der Tag*, *das Geschenk*, *die Brause*, *das Haus (2x)*, *die Tücher* (Pl.), *das Kärtchen*, *die Sprechstunde*, *die Taschen* (Pl.), *die Kranken* (Pl.), *die Tabletten* (Pl.), *die Ärztin*, *die Schmerzen* (Pl.), *die Geburt*

1. .... **5.** ....

2. .... **6.** ....

3. .... **7.** ....

4. .... **8.** ....

Anästhesist, der, -en	anaesthesist	**Eiffelturm, der**	Eiffel Tower
Apotheke, die, -n	chemist's	**enthalten**	to contain
Apotheker, der, -	chemist	**Film, der, -e**	film
billig	cheap	**Kopfschmerz-tabletten, die** *(Pl.)*	headache tablet (aspirin®)

Lastwagen, der, -	lorry	**Sonnenmilch, die**	sun lotion
Medikament, das, -e	medicine	**spannend**	exciting
Packung, die, -en	packet	**Papiertaschentücher, die** *(Pl.)*	tissues
Patient, der, -en	patient	**Tütchen, das, -**	carrier bag
Pflaster, das, -	plaster	**Zäpfchen, das, -**	suppository
Salbe, die, -n	ointment		
Schrank, der, -"e	cupboard	**zuzahlen** *in:* **Sie müssen dazuzahlen**	you have to pay a contribution
so ... wie	as ... as		

Additional Vocabulary

Diät, die, -en	diet	**verbrennen (sich)**	to burn (oneself)
heiser	hoase	**verschreibungspflichtig**	available on prescription only
Notdienst, der, -e	emergency service		
Verband, der, -"e	bandage	**wirken**	to take effect

Medical emergency service and chemists

All hospitals have an emergency outpatients' department which is open day and night. Chemists provide the addresses and telephone numbers of doctors who are on duty. The telephone number for the police is 110, which is also the general emergency number. The telephone number for the fire service is 112.

Chemists have normal shop opening times. If the chemist's is closed, you will find, the address of the nearest chemist's which provides a 24-hour emergency service on the door.

Am Bahnhof

Yuki ist wieder gesund. Sie möchte am Wochenende nach
Bamberg fahren.

Angestellter:	Ja bitte.
Yuki:	Ich möchte eine Fahrkarte 2. Klasse nach Bamberg.
Angestellter:	Wissen Sie schon mit welchem Zug?
Yuki:	Nein. Ich möchte am Samstag fahren, und zwar vormittags.

Der Angestellte schaut in den Computer.

Angestellter: Also, es gibt einen ICE um 7.52 Uhr bis
Nürnberg und dann weiter mit dem Regio-
nal Express. Sie sind dann um 10.30 Uhr in
Bamberg. Sie können auch mit dem IC

	direkt nach Bamberg fahren. Wenn Sie den Zug um 8.49 Uhr nehmen, sind Sie um 11.12 Uhr in Bamberg.
Yuki:	Ich fahre lieber mit dem ICE.
Angestellter:	Möchten Sie einen Sitzplatz reservieren?
Yuki:	Ja, bitte.
Angestellter:	Einfache Fahrt oder Rückfahrkarte?
Yuki:	Eine Rückfahrkarte, bitte.
Angestellter:	Wollen Sie für die Rückfahrt auch reservieren?
Yuki:	Ja, am Sonntagabend gegen 19 Uhr.
Angestellter:	Wenn Sie den IC um 18.49 Uhr nehmen, sind Sie um 21.12 Uhr in München.
Yuki:	Ja, das passt mir.
Angestellter:	Raucher oder Nichtraucher?
Yuki:	Nichtraucher.
Angestellter:	Großraumwagen oder Abteil?
Yuki:	Was ist da der Unterschied?
Angestellter:	Im Großraumwagen sitzen viele Reisende in einem Wagen, im Abteil nur sechs. Außerdem können Sie im Großraumwagen einen Platz mit Tisch reservieren.
Yuki:	Dann reservieren Sie bitte im Großraumwagen.
Angestellter:	Also, Nichtraucher und Großraumwagen. Haben Sie eine BahnCard?
Yuki:	Nein, was ist das?
Angestellter:	Eine Ermäßigungskarte. Wenn Sie eine BahnCard kaufen, erhalten Sie 25 Prozent Ermäßigung auf alle Rabatte.
Yuki:	Was kostet denn die BahnCard?
Angestellter:	Die BahnCard kostet € 60. Sie können dann ein Jahr lang mit 25 Prozent Ermäßigung auf alle Normalpreise und Sparpreise fahren.
Yuki:	Aber ich bleibe nur für sechs Monate in Deutschland. Ich glaube, die Karte rentiert sich nicht für mich.

Angestellter: Das kommt darauf an. Wenn Sie in den sechs
                   Monaten viel reisen, dann rentiert sich die
                   BahnCard auch für Sie.
Yuki: Aber ich reise nicht so viel. Was kostet die Rück-
                   fahrkarte ohne BahnCard?
Angestellter: 52 Euro, der IC-Zuschlag 7 Euro und die Platz-
                   reservierung 2,60 Euro. Macht zusammen 61
                   Euro 60 Cent.
Yuki: Kann ich mit Kreditkarte bezahlen?
Angestellter: Natürlich. Hier sind Ihre Reiseunterlagen. Ich
                   wünsche Ihnen eine gute Reise und einen schö-
                   nen Aufenthalt in Bamberg.
Yuki: Danke schön.

At the station

Yuki is better now. She wants to go to Bamberg for the weekend by train.
Booking clerk: Can I help you?
Yuki: I'd like a second class ticket to Bamberg.
Booking clerk: Do you know which train you're taking?
Yuki: No, I don't. I want to travel on Saturday, Saturday morning.
The booking clerk looks at the computer.
Booking clerk: Well, there's an ICE at 7.52 a.m. to Nuremberg and then
                   you continue your journey on a regional express train. You
                   arrive in Bamberg at 10.30 a.m. You can also travel direct to
                   Bamberg on the IC. If you take the 8.49 a.m., you arrive in
                   Bamberg at 11.12 a.m.
Yuki: I'd prefer the ICE.
Booking clerk: Do you want to reserve a seat?
Yuki: Yes, please.
Booking clerk: Single or return ticket?
Yuki: Return ticket, please.
Booking clerk: Do you want to reserve a seat for the return journey?
Yuki: Yes, for Sunday evening, around 7 p.m.
Booking clerk: If you take the IC at 6.49 p.m., you arrive in Munich at 9.21
                   p.m.
Yuki: That would suit me.
Booking clerk: Smoking or non-smoking?
Yuki: Non-smoking.
Booking clerk: Open-plan carriage or compartment?

Yuki:	What's the difference?
Booking clerk:	In the open-plan carriage there are a lot of passengers in one large carriage and in a compartment there are only six passengers. In addition, in an open-plan carriage you can reserve a seat with a table.
Yuki:	Reserve a seat in the open-plan carriage then, please.
Booking clerk:	Right, non-smoking and open-plan carriage. Have you got a BahnCard?
Yuki:	No, what's that?
Booking clerk:	A card which entitles you to a reduction. If you buy a BahnCard, you get a 25 per cent reduction on all discounts.
Yuki:	What does a BahnCard cost?
Booking clerk:	The BahnCard costs 60 euros. You can then travel at a 25 per cent reduction on all regular and discount prices for one year.
Yuki:	But I'm only staying in Germany for six months, so it wouldn't really be worth it.
Booking clerk:	It depends. If you travel a lot in the six months, it would be worth having a BahnCard.
Yuki:	But I won't be travelling a lot. What does a return ticket cost without a BahnCard?
Booking clerk:	52 euros, the IC surcharge 7 euros, and the seat reservation 2 euros 60 cents. That makes 61 euros 60 cents altogether.
Yuki:	Can I pay by credit card?
Booking clerk:	Yes, of course. Here are the travel documents. Have a good trip and a nice stay in Bamberg.
Yuki:	Thank you very much.

Conditional clauses

Wenn Sie eine BahnCard haben, *erhalten Sie 25 % Rabatt.*
If you've got a BahnCard   you get a 25 % reduction.
subordinate clause   **main clause**

The subordinate clause can also follow the main clause. The meaning of the sentence remains unchanged.

Sie erhalten 25 % Rabatt, *wenn* Sie eine BahnCard haben.
You get a 25 % reduction   if you've got a BahnCard.
main clause   **subordinate clause**

Conditional clauses with **wenn** give a condition that must be fulfilled before what the main clause says can be true, possible or done.

In the subordinate clause the verb is always found at the end of the sentence.

Complete the following sentences with **wenn**:

1. Wenn die Sonne scheint,

a. erhält sie 25 Prozent Ermäßigung auf alle Rabatte.

2. Wenn ich Deutsch gelernt habe,

b. kann man eine Tablette nehmen.

3. Wenn Yuki einkauft,

c. gehen wir in die Berge.

4. Wenn Frau Gebhardt Gäste hat,

d. kommen wir schneller ins Konzert.

5. Wenn Yuki eine BahnCard hat,

e. kaufe ich mir eine Wohnung.

6. Wenn ich im Lotto gewinne,

f. zahlt sie mit der Kreditkarte.

7. Wenn man Kopfschmerzen hat,

g. verdiene ich mehr Geld.

8. Wenn wir die U-Bahn nehmen,

h. kocht sie besonders gut.

Look at the example and form sentences with **wenn**:

die Sonne nicht scheint – Deutsch lernen
Wenn die Sonne nicht scheint, lerne ich Deutsch.

1. ich habe die U-Bahn verpasst   Bus nehmen

....

2. der Bäcker kein Brot   Brötchen kaufen
mehr hat

....

3. mein Magen übersäuert   nichts essen, sondern nur Tee
ist   trinken

....

4. ich kein Geld mehr habe   am Automaten Geld holen

....

5. mein Hausarzt keine   einen anderen Arzt suchen
Sprechstunde hat

....

Particle und zwar

Ich möchte am Samstag fahren, **und zwar** *vormittags.*
I want to travel on Saturday, namely Saturday morning.

The particle **und zwar** is used to focus on detail(s)
which follow. A comma always precedes **und zwar**.

Exercise 3

Form sentences
with **und zwar**:

1. Yuki fährt mit dem Zug; mit dem ICE

....

2. Sie geht gern einkaufen; am Abend

....

3. Tobias isst gern Käse; Emmentaler

....

4. Frau Glück hört gern Musik; Mozart

....

Abteil, das, -e	compartment	**passen** *in:* **das passt mir**	to suit
Angestellte, die, -n (am Schalter)	booking clerk	**Platzreservierung, die, -en**	seat reservation
Bahnhof, der, -"e	station	**Preis, der, -e**	price
Berg, der, -e	mountain	**Prozent, das, -e**	per cent
das kommt darauf an	that depends	**Rabatt, der, -e**	discount
Ermäßigung, die, -en	reduction	**Raucher- (abteil)**	smoking compartment
Ermäßigungskarte, die, -n	a card which entitles you to a reduction	**Regional Express (RE), der, -e**	regional express
Fahrkarte *in:* **einfache Fahrkarte**	single ticket	**Reiseunterlagen, die** *(Pl.)*	travel documents
gesund	healthy	**rentieren (sich)**	to be worth while
IC (InterCity), der, -s	intercity	**Rückfahrkarte, die, -n**	return ticket
IC-Zuschlag, der, -"e	IC surcharge	**Sitzplatz, der, -"e**	seat
ICE (InterCityExpress), der, -s	intercity express	**Sparpreis, der, -e**	discount price
Nichtraucher- (abteil)	non-smoking compartment	**und zwar**	namely
		Unterschied, der, -e	difference
Normalpreis, der, -e	normal price	**Wochenende, das, -n**	weekend

Additional Vocabulary

Anschluss, der, -"e	connection	Schließfach, das, -"er	locker
Bahnsteig, der, -e	platform	Speisewagen, der, -	restaurant car
Gleis, das, -e	track	Verspätung, die, -en	delay
Schaffner, der, -	conductor		
Schlafwagen, der, -	sleeping car	Zuschlag, der, -"e	surcharge

Deutsche Bahn AG
German Rail

Travelling through Germany on the **InterCity-Express (ICE)** with city connections every one or two hours is quite an experience as the trains are very comfortable and offer many services. All seat are provided with earphones to receive radio programmes and train entertainment programmes. There are also seats with video facilities in first class, two train telephones, a fax, a conference room and lockers for hand luggage. Passengers can be contacted at all times per Eurosignal and a message can be left on an answering machine. In addition, the new **ICE 3** provides a special compartment for families. The **InterCity** and **EuroCity** are fast trains with a restaurant, a cardphone, a conference room and also have compartments for parents travelling with children. The **InterRegio** is also very comfortable and stops in small towns. **RegionalExpress** (**RE**), the **RegionalBahn (RB)**, the **StadtExpress (SE)** and the **S-Bahn** provide local train services.

In Bamberg

Yuki ist in Bamberg angekommen. Jetzt will sie die Stadt
erkunden. Sie geht zuerst ins Fremdenverkehrsamt.

Yuki:	Guten Tag! Ich möchte gerne einen Stadtplan.
Herr Fösel:	Bitte schön. Sie möchten unser romanti- sches Bamberg anschauen?
Yuki:	Ja. Können Sie mir empfehlen, welche Sehenswürdigkeiten ich hier anschauen soll?
Herr Fösel:	Natürlich! Sind Sie zu Fuß?
Yuki:	Ja.
Herr Fösel:	Gut, denn um die Stadt kennen zu lernen, geht man am besten zu Fuß. Also, Sie sind jetzt am Bahnhof, gehen Sie einfach die Luitpoldstraße entlang bis zur Oberen Königstraße, dann rechts und nach ungefähr 200 Meter biegen Sie links in die König- straße und Sie kommen zur Kettenbrücke. Sie führt über die Regnitz.
Yuki:	Und wie komme ich in die Innenstadt?

Herr Fösel:	Um in die Innenstadt zu kommen, gehen Sie einfach über die Brücke und schon sind Sie mitten im Zentrum.
Yuki:	Und was kann ich dort alles besichtigen?
Herr Fösel:	Viel. Zuerst den Maxplatz mit seinen bunten Marktständen, dann die St. Martins-kirche, die Universität mit ihren herrlichen renovierten Gebäuden und natürlich das Alte Rathaus. Es steht auf einer Brücke mitten im Fluss.
Yuki:	Und es gibt auch die Bamberger Symphoniker.
Herr Fösel:	Oh, die kennen Sie?
Yuki:	Ja. Ich habe sie schon in München in der Philharmonie gehört. Wann geben sie denn ihr nächstes Konzert?
Herr Fösel:	Das kann ich Ihnen ganz genau sagen: Heute Abend. Ich habe nämlich eine Karte und kann leider nicht hingehen. Möchten Sie die Karte haben?
Yuki:	Was kostet denn die Karte?
Herr Fösel:	Gar nichts. Die schenke ich Ihnen.
Yuki:	Das ist sehr nett von Ihnen! Und was kann ich sonst noch alles in Bamberg sehen?
Herr Fösel:	Natürlich müssen Sie in den Dom gehen und den Bamberger Reiter anschauen. Dann laufen Sie an der Alten Hofhaltung vorbei weiter zur Michaelskirche. Von dort oben haben Sie einen herrlichen Blick über die ganze Stadt. Und wenn Sie zurück über die Rathausbrücke gehen, werfen Sie einen Blick auf Klein-Venedig.
Yuki:	Ich glaube, der Tag wird ganz schön anstrengend.
Herr Fösel:	Anstrengend, aber auch schön. Und hier Ihre Karte für die Bamberger Symphoniker.

Ich wünsche Ihnen einen schönen Aufent-
halt in unserer Stadt.
Yuki: Vielen Dank. Es lohnt sich wirklich, ins
Land der Franken zu fahren!

In Bamberg

Yuki has arrived in Bamberg. She wants to explore the town. To begin with she goes to the Tourist Information Office.

Yuki: Good morning! I'd like a city map.

Mr Fösel: Here you are. Do you want to have a look around our romantic town of Bamberg?

Yuki: Yes, I do. Can you recommend which sights I should have a look at?

Mr Fösel: Of course, Are you on foot?

Yuki: Yes, I am.

Mr Fösel: Good, it's best to go on foot to get to know the town. Right, you're now at the station, just walk down Luit-poldstraße as far as Obere Königstraße, then turn right, and after about 200 meters turn left into Königstraße and then you come to Kettenbrücke. It crosses the Regnitz.

Yuki: And how do I get to the town centre?

Mr Fösel: To get to the town centre you simply cross the bridge and then you're right in the middle of the town.

Yuki: And what is there to see there?

Mr Fösel: There's a lot to see. First of all, Maxplatz with all the colourful market stalls, St Martin's Church, the uni-versity with its beautifully renovated buildings and the Old Town Hall, of course. It is situated on a bridge in the middle of the river.

Yuki: And there's the Bamberg Symphony Orchestra, too.

Mr Fösel: Oh, you've heard of them?

Yuki: Yes, I heard them play in Munich in the Philharmonie. When are they giving their next concert?

Mr Fösel: I can tell you exactly when: this evening. I've got a ticket, you see, but unfortunately I am not able to go. Would you like to have the ticket?

Yuki: How much is it?

Mr Fösel: It won't cost you anything. It's a present.

Yuki:	That's very kind of you! And what else can I see in Bamberg?
	You must go to the cathedral, of course, and have a look at the Bamberger Reiter, the rider. Then you walk past the Alte Hofhaltung, as far as the church, St Michael's. From the top, you have a wonderful view over the whole town. And when you walk back to the Rathausbrücke, the Town Hall bridge, take a look at KleinVenedig, little Venice.
Yuki:	I think it is going to be a very tiring day.
Mr Fösel:	Tiring, yes, but also very interesting. And here's your ticket for the Bamberger Symphoniker. I hope you have a very pleasant day in Bamberg.
Yuki:	Thank you very much. It's really worth coming to Franconia.

Subordinate clause with um ... zu + infinitive

Um die Stadt kennen zu lernen,   *gehen Sie am besten zu Fuß.*

To get to know the town   it's best to go on foot.
subordinate clause   **main clause**

Gehen Sie am besten zu Fuß, um die Stadt kennen zu lernen.
It's best to go on foot   to get to know the town.
main clause   **subordinate clause**

The conjunction **um ... zu + infinitive** refers to a destination or an intention. **Um ... zu + infinitive** can only be used when the persons in the main clause and the subordinate clause are the same.

Exercise 1

Link the sentences with **um ... zu + infinitive**:

Yuki geht nach Deutschland. Sie möchte Deutsch lernen.
Yuki geht nach Deutschland, um Deutsch zu lernen.

1. Yuki arbeitet abends. Sie (muss) Geld verdienen.

....

2. Sie geht abends ins Konzert. Sie (möchte) die Bamberger Symphoniker hören.

....

3. Sie fährt mit dem ICE. Sie (möchte) schneller in Bamberg sein.

....

4. Sie geht zu Fuß. Sie (möchte) die Stadt kennen lernen.

....

Der, die das as demonstrative pronoun

*Die Bamberger Symphoniker. Oh, **die** kennen Sie schon?*
The Bamberger Symphoniker. Oh, you've heard of them already?

*Wie geht es deinen Eltern? **Denen** geht es gut.*
How are your parents? They are very well.

singular	masculine	neuter	feminine
nominative	der	das	die
accusative	den	das	die
dative	dem	dem	der

plural	masculine	neuter	feminine
nominative	die	die	die
accusative	die	die	die
dative	**denen**	**denen**	**denen**

In spoken German **der**, **die**, **das** as demonstrative pronouns can be used instead of personal pronouns. The demonstrative pronouns refer to the person or subject matter mentioned in the previous sentence. The forms are the same as for the definite article with the exception of the dative plural form, which is **denen**.

Exercise 2

Complete the sentences by adding the demonstrative pronouns *der*, *die*, *das* or *denen*:

1. Was hast du von den Gebhardts gehört? Von .... habe ich schon lange nichts gehört.

2. Siehst du das rote Kleid auf dem Tisch? .... ziehe ich heute Abend an.

3. Wo hält der Bus in der Innenstadt? ..... hält an der Königstraße.

4. Wie geht es deinen Geschwistern? .... geht es gut.

Exercise 3

Match the sentences:

1. Wohin fährt dieser Bus?

a Den finde ich gut.

2. Kennst du die Bamberger Symphoniker?

b Ja, die fährt zum Marienplatz.

3. Du kennst den Autor Goethe nicht?

c Ja, den nehme ich.

4. Möchten Sie diesen Anzug?

d Der fährt in die Innenstadt.

5. Was kosten die Brezeln?

e Von denen habe ich eine CD.

6. Fährt diese U-Bahn zum Marienplatz?

f Nein, von dem habe ich noch nichts gelesen.

7. Kann ich die Zeitung haben?

g Die kosten 50 Cent das Stück.

8. Wie findest du meinen neuen Haarschnitt?

h Ja, die brauche ich nicht mehr.

Vocabulary

anschauen	to have a look at	besichtigen	to look at
anstrengend	tiring	biegen	to turn
Aufenthalt, der, -e	stay	Brücke, die, -n	bridge
		Dom, der, -e	cathedral
		entlang	along
Autor, der, -en	author	erkunden	to explore

Fluss, der, -"e	river	Land der Franken	Franconia
Fremden-verkehrsamt, das, -"er	Tourist Information Office	Land, das, -"er	country
		lohnen (sich)	to be worth while
führen *in:* die Brücke führt über die Regnitz	the bridge crosses the Regnitz	Marktstand, der, -"e	market stall
		Reiter, der, -	rider
Fuß *in:* zu Fuß sein	on foot	renovieren	to renovate
		romantisch	romantic
Gebäude, das, -	building	Stadtplan, der, -"e	town/city map
genau	exact		
Haarschnitt, der, -e	haircut	um … zu	in order to
		ungefähr	about
Innenstadt, die, -"e	town/city centre	Universität, die, -en	university
Karte, die, -n *in:* Konzert-karte	ticket	vorbeilaufen	to walk past
		weiter	on to
		werfen *in:* einen Blick werfen	to have a look
Kirche, die, -n	church		

Special travel offers and train ticket reservations

Before buying a ticket, you should enquire about special fares and cheap rates offered by the **Deutsche Bahn AG**. With the **BahnCard**, for example, you can get a 25 per cent reduction on all regular and discount prices for one year. There is also a special **Wochenendticket,** which up to five persons can use on all regional railways at a fairly low fare. There are also special rates if you start your journey after 7 p.m.

You can obtain information about train services at the travel centre or by phone. To avoid having to queue at the ticket window you can reserve tickets by phone and collect them at a special ticket window. Tickets for short distances can also be obtained from machines at the station. You can also book your ticket via internet.

Test 3

1 Choose one of the two possible solutions. Then go to the square showing the number of the solution you think is correct.

2 Ich bin gestern nach Frankfurt … .

geflogen ⇨ 8
gefliegt ⇨ 15

6 Wrong!

Go back to number 8.

7 Wrong!

Go back to number 4.

11 Wrong!

Go back to number 29.

12 Very good.
Go on:
München ist groß, aber Berlin ist … .
größer ⇨ 16
größten ⇨ 24

16 Good. Continue:
Ich kann den Pass … finden.

nirgends ⇨ 22
niemand ⇨ 18

17 Wrong!

Go back to number 22.

21 Wrong!

Go back to number 13.

22 Correct!
Diese Flasche enthält so viel … diese.

als ⇨ 17
wie ⇨ 19

26 Wrong!

Go back to number 30.

27 Good. Next one:
… Sie eine BahnCard haben, erhalten Sie 25 % Ermäßigung.
Wen ⇨ 23
Wenn ⇨ 12

3 Wrong!

Go back to number 5.

---

4 Good. Go on:
Wir … eine Woche in Berlin geblieben.

sind ⇨ 20
haben ⇨ 7

---

5 Correct, continue:
Ich habe Geld … .

umtauscht ⇨ 3
umgetauscht ⇨ 13

---

8 Correct. Go on:
Ich bin ins Café … .

gegingen ⇨ 6
gegangen ⇨ 25

---

9 Wrong!

Go back to number 25.

---

10 Wrong!

Go back to number 14.

---

13 Correct! Continue:
Dieses Brot schmeckt mir am … .
besser ⇨ 21
besten ⇨ 29

---

14 Very good. Next one:
Ich habe … Termin.

nicht ⇨ 10
keinen ⇨ 30

---

15 Wrong!

Go back to number 2.

---

18 Wrong!

Go back to number 16.

---

19 Correct!

End of exercise.

---

20 Well done! Continue:
Yuki spricht nicht nur Deutsch, … Englisch.
sondern auch ⇨ 5
dass ⇨ 28

---

23 Wrong!

Go back to number 27.

---

24 Wrong!

Go back to number 12.

---

25 Very good. Next one:
In der Apotheke kann man … kaufen.
Pflaster ⇨ 14
Rezepte ⇨ 9

---

28 Wrong!

Go back to number 20.

---

29 Well done. Continue:
Ich hoffe, … er pünktlich ist.
wenn ⇨ 11
dass ⇨ 27

---

30 Correct! Continue:
Ich habe guten Wein … .
getrinken ⇨ 26
getrunken ⇨ 4

Mülltrennung

Yuki trifft Frau Glück in der Küche. Vor ihr liegt ein großer
Haufen mit Dosen, Flaschen, Zeitungen und Plastiktüten.

Yuki: Was machen Sie denn da?

Frau Glück: Ich sortiere Flaschen, Dosen, Alufolie, Plastik und Papier und lege alles getrennt auf einen Haufen.

Yuki: Was machen Sie dann damit?

Frau Glück: Ich bringe alles in die entsprechenden Container. Die Flaschen kommen in Glascontainer. Es gibt einen für Weißglas, Braunglas und Grünglas. Die Zeitungen und Kartons kommen in den Behälter für Papier. Alle Plastikdosen kommen in den Container für Plastik. Und die Blechdosen und Alufolien kommen in den für Blech.

Yuki: Warum machen Sie das?

Frau Glück:	Ja, wir müssen den Müll trennen. Das ist eine neue Vorschrift.
Yuki:	Das ist neu für mich.
Frau Glück:	Wir sammeln erst den Abfall und dann sortieren wir ihn. Wissen Sie, andere Länder sammeln Olympiamedaillen und Fußballsiege und wir sammeln eben Müll.
Yuki:	Wenn ich etwas in Deutschland gelernt habe, dann ist es das Sprichwort: Wenn schon, denn schon.
Frau Glück:	Sie haben doch schon einmal eine Tafel Schokolade gekauft oder einen Jogurt?
Yuki:	Ja, natürlich.
Frau Glück:	Eine Tafel Schokolade ist zuerst in Alufolie eingepackt und noch einmal in Papier. Wenn Sie die Schokolade gegessen haben, werfen Sie die Alufolie in diese Tüte hier und das Papier in den Papierkorb. Beim Jogurt trennen Sie das Plastik von der Alufolie. Das Plastik kommt in diese Tüte und die Alufolie kommt in die Tüte mit Blechdosen.
Yuki:	Das ist aber ziemlich kompliziert und umständlich.
Frau Glück:	Das ist aber noch nicht alles. Auf dem Balkon steht mein Komposteimer. In den werfe ich alle organischen Abfälle wie zum Beispiel Filtertüten, Gemüsereste, Obstschalen, Eierschalen und Papierservietten.
Yuki:	Wie kann ich das alles behalten?
Frau Glück:	Man gewöhnt sich daran!

Separating waste

Yuki meets Mrs Glück in the kitchen. In front of her is a huge pile of tins, bottles, newspapers, and plastic bags.

Yuki: What are you doing?

Mrs Glück: I'm sorting out the bottles, tins, aluminium foil, plastic and paper and putting them in different piles.

Yuki: What are you going to do with them, then?

Mrs Glück: I'm going to take them to special containers. The bottles go in the glass container. There's one for clear glass, brown glass and green glass. The newspapers and the cardboard go in the paper container. All the plastic goes in the plastic container. And the tins and aluminium go in the one for metal.

Yuki: Why are you doing that?

Mrs Glück: Because we are supposed to separate the waste. It's a new regulation.

Yuki: That's new to me.

Mrs Glück: Well, first of all we collect the rubbish and then we sort it. Other countries collect Olympic medals and football cups for winning and we collect waste!

Yuki: If there's one thing I've learnt in Germany, it's that if a job's worth doing, it's worth doing well.

Mrs Glück: Have you ever bought a bar of chocolate or a yoghurt?

Yuki: Yes, of course.

Mrs Glück: A bar of chocolate is first packed in aluminium foil and then in paper. When you've eaten the chocolate, you throw the foil in this bag here and the paper in the waste paper basket. With a yoghurt you take the foil off the plastic carton. The plastic goes in this bag and the foil in the bag with the tins.

Yuki: But that is all rather complicated and a lot of trouble.

Mrs Glück: That's not all. There's a bucket with compost on the balcony. I throw all my organic waste into it – for example filter paper, vegetable peelings, fruit peel, egg shells and paper serviettes.

Yuki: How can I remember all that?

Mrs Glück: You'll get used to it!

**The verbs: legen – liegen, stellen – stehen,
hängen – hängen, sich setzen – sitzen**

legen   to put

*Frau Glück legt alles
getrennt auf einen Haufen.*
Mrs Glück puts everything
in different piles.
infinitive: **legen**
present perfect: **hat gelegt**

liegen   to lie

*Die Zeitungen liegen auf
einem Haufen.*
The newspapers are lying
in a pile.
infinitive: **liegen**
present perfect: **hat gelegen**

stellen   to put

*Frau Glück stellt den Kom-
posteimer auf den Balkon.*
Mrs Glück puts the com-
post bin on the balcony.
infinitive: **stellen**
present perfect: **hat gestellt**

stehen   to be

*Der Komposteimer steht auf
dem Balkon.*
The compost bin is on the
balcony.
infinitive: **stehen**
present perfect: **hat gestanden**

hängen   to hang

*Frau Glück hängt den Mantel
an die Garderobe.*
Mrs Glück is hanging the
coat on the hook.
infinitive: **hängen**
present perfect: **hat gehängt**

hängen   to hang

*Der Mantel hängt an der
Garderobe.*
The coat is hanging on the
hook.
infinitive: **hängen**
present perfect: **hat gehangen**

sich setzen to sit down

Yuki setzt sich auf die Bank.
Yuki is sitting down on the
bench.
infinitive: **sich setzen**
present perfect: **hat gesetzt**

sitzen   to sit

Yuki sitzt auf der Bank.
Yuki is sitting on the bench.
infinitive: **sitzen**
present perfect: **hat gesessen**

▶

The verbs *legen*, **stellen**, **sich setzen** and **hängen** as regular verbs describe an activity and the prepositions which indicate place are followed by the accusative. You can ask **Wohin**?

The verbs **liegen**, **stehen**, **sitzen** and **hängen** as irregular verbs focus on the result of the activity and the prepositions which indicate place are followed by the dative. You can ask **Wo**?

Exercise 1

Complete the sentences using the following verbs: *legen*, *liegen*, *hängen*, *setzen*, *stehen* or *stellen*:

1. Die Container .... in der Nähe.

2. Frau Glück .... die Mülltüten auf den Balkon.

3. Das Familienfoto .... an der Wand.

4. Frau Glück hat den Prospekt zwischen die Zeitungen ....

5. Die Zeitungen .... auf einem Haufen.

6. Die Mutter .... ihre Tochter auf den Stuhl.

Exercise 2

Complete the sentences using the appopriate prepositions:

1. Ich habe .... der Bushaltestelle auf dich gewartet.

2. Bist du .... der Küche?

3. Kannst du den Blumenstrauß .... das Fensterbrett stellen?

4. Die Kinder gehen .... den Kindergarten.

5. Tobias setzt sich .... Yuki und Frau Glück.

Indefinite pronouns ein- / kein-

Ich habe vier Orangen gekauft.	I've bought four oranges.
***Eine** habe ich schon gegessen.*	I've eaten one of them already.
Fünf Kollegen sind zur Arbeit gefahren. Alle fünf sind mit dem Auto gefahren.	Five colleagues have gone to work. All five went by car.
***Keiner** hat die U-Bahn genommen.*	None of them travelled by Underground.
Hast du Kirschen gekauft?	Have you bought some cherries?
*Ja, ich habe **welche** gekauft.*	Yes, I've bought some.

singular	masculine	neuter	feminine
nominative	*einer/keiner*	*ein(e)s/kein(e)s*	*eine/keine*
accusative	*einen/keinen*	*ein(e)s/kein(e)s*	*eine/keine*
dative	*einem/keinem*	*einem/keinem*	*einer/keiner*

plural	masculine	neuter	feminine
nominative	*welche/keine*	*welche/keine*	*welche/keine*
accusative	*welche/keine*	*welche/keine*	*welche/keine*
dative	*welchen/keinen*	*welchen/keinen*	*welchen/keinen*

The indefinite pronouns *einer*, *ein(e)s*, *eine* stand for one person or for one object from a number of persons or objects. The plural in the nominative and the accusative is always *welche*, in the dative *welchen*. The negative form is *kein* and is declined like *ein*.

Complete the sentences with the indefinite pronoun:

1. Hast du zwei Briefmarken für mich?

Ja, auf meinem Schreibtisch, oben rechts, liegen ....

Exercise 3

▶

2. Hast du einen Mann mit einem grünen

Hemd gesehen? Ja, da vorne steht

....

3. Ein Buch liegt auf dem Fenster. Auf dem

Tisch liegen auch noch ....

5. Ich hole mir einen Hamburger.

Möchtest du auch ....

Vocabulary

Abfall, der, -"e	waste	Fenster, das, -	window
Alufolie, die, -n	aluminuim foil	Fensterbrett, das, -er	window sill
Balkon, der, -e	balcony	Filtertüte, die, -n	filter paper
Bank, die, -"e	bench	Fußballpokal, der, -e	cup
in: sich auf eine Bank setzen		Garderobe, die, -en	hook, cloak room
behalten	to remember	Gemüserest, der, -e	vegetable peelings
Behälter, der, -	container	gewöhnen (sich)	get used to
Blech, das, -e	tin	Glascontainer, der, -	glass container
Braunglas, das	brown glass		
Bushaltestelle, die, -n	bus stop	Grünglas, das	green glass
Container, der, -	container	Haufen, der, -	pile
Disko, die, -s	disco	Karton, der, -s	carton
Dose, die, -n	tin	Kindergarten, der, -"	kindergarten
Eierschale, die, -n	egg shell	Kino, das, -s	cinema
einpacken	to wrap up	Kollege, der, -n	colleague
entsprechend	special	kompliziert	complicated
erst *in:* wir sammeln erst	first of all	Komposteimer, der, -	compost bin
Familienfoto, das, -s	family picture	liegen	to lie

Mülltonne, die, -n	dustbin	**sortieren**	to sort
		stehen	to be
Obstschale, die, -n	fruit peel	**stellen**	to put
		Tafel, die, -n	bar of
Olympia- medaille, die, -n	Olympic medal	*in:* **Tafel Schokolade**	chocolate
		trennen	to separate
organisch	organic	**Trennung, die, -en**	separation
Papier, das, -e	paper		
Papierkorb, der, -"e	waste paper basket	**Tüte, die, -n**	bag
Papierserviette, die, -n	paper serviette	**umständlich**	complicated
		Veranstaltung, die, -en	event
Plastik, das	plastic		
Prospekt, der, -e	broschure	**vermeiden**	to avoid
		Vorschrift, die, -en	regulation
sammeln	to collect		
Sammlung, die, -en	collection	**Weißglas, das**	clear glass
schauen *in:* **dann schauen wir halt**	let's see	**zum Beispiel**	for example
		zwischen	between

The Germans and waste

More and more Germans are becoming environmentally aware and buy environmentally-friendly products. Conservation of resources and recycling are concepts which are taken very seriously by consumers and increasingly also by manufacturers. Moreover, waste avoidance is a primary objective of German environmental policy, as both the decree governing the avoidance and recycling of packaging materials and the laws on waste and recycling stipulate that waste is best avoided. Industry and consumers should produce as little waste as possible and wherever possible waste should be recycled.

Sport ist gesund

*Yuki und ihre Freundinnen möchten Sport treiben. Sie über-
legen, für welche Sportart sie sich entscheiden sollen.*

Yuki: Ich würde am liebsten Fitness-Gymnastik
           machen. Da kann ich mich richtig bewegen
           und ich kann andere Leute kennen lernen.

Maria: Ich würde lieber schwimmen und anschlie-
           ßend in die Sauna gehen. Ist das keine gute
           Idee?

Beatrice: Ich mache lieber Sport an der frischen Luft.
           Lasst uns doch bergsteigen.

Yuki: Beim Bergsteigen sind wir an der frischen
           Luft und treiben gleichzeitig Sport. Und
           nach dem Bergsteigen können wir noch in
           ein Schwimmbad oder in eine Sauna gehen.

Maria:	Und was machen wir, wenn es regnet?
Beatrice:	Wir haben doch alle Regenmäntel! Also ich mache euch einen Vorschlag. Wir probieren das Bergsteigen einfach mal aus. Wenn wir Spaß am Bergsteigen haben, machen wir weiter. Wenn nicht, suchen wir uns eine andere Sportart aus.
Maria:	Ja, das ist ein guter Vorschlag.
Yuki:	Wann treffen wir uns?
Beatrice:	Gleich übermorgen – am Sonntag um 6.00 Uhr am Bahnhof. Der Zug nach Mittenwald fährt um 6.10 Uhr. Ich habe mich erkundigt.
Maria:	Ist das nicht ein bisschen früh?
Beatrice:	Überhaupt nicht. Morgenstund hat Gold im Mund. Vergesst die Regenmäntel nicht!

Sport is healthy

Yuki and her friends would like to do some sport. They are wondering which sport they should decide on.

Yuki:	I'd really like to do workouts in the gym. I can get plenty of exercise that way and I can get to know other people.
Maria:	I'd rather go swimming and then afterwards go to the sauna. Isn't that a good idea?
Beatrice:	I'd rather do sport in the open air. Let's go climbing in the mountains.
Yuki:	When we go climbing, we're in the fresh air and are doing some sport at the same time. And afterwards we can still go to a swimming pool or a sauna.
Maria:	And what will we do if it rains?
Beatrice:	We've all got raincoats. Let me make a suggestion. We can have a go at climbing in the mountains. If we enjoy it, then we can carry on with it. If we don't, we'll choose another kind of sport.
Maria:	Yes, that's a good idea.
Yuki:	When shall we meet?

Beatrice:	The day after tomorrow, on Sunday, at 6 a.m. at the railway station. The train to Mittenwald leaves at 6.10. I've already made enquiries.
Maria:	Isn't that a bit early?
Beatrice:	Not at all. The early bird gets the worm. Don't forget your raincoats!

Word formation: nouns from verbs

schwimmen   **das S**chwimmen

A noun can be formed from a verb by putting the article before the verb and writing the noun with a capital letter.

Word formation: nouns from adjectives

*Alles **Gute** zum Geburtstag!*   Best wishes on your birthday!

Das Neue *am ICE ist das*   What's new about the ICE is
Abteil für Mutter und Kind.   the compartment for mothers
                                 and children.

Nouns can also be formed from adjectives by capitalization and in some cases by adding the ending **-e**.

groß	**das** *Groß***e**	*rot*	**das** *Rot*
big	the big thing	red	the red colour

Word formation: noun from verb + noun

schwimmen das Bad   **das Schwimmbad** swimming pool
schlafen   das Zimmer **das Schlafzimmer** bedroom

New nouns can also be formed from verbs by dropping the ending **-en** and adding a noun.

Word formation: nouns from adjective + noun

| groß | die Stadt | **die Großstadt** | city |
| klein | die Stadt | **die Kleinstadt** | small town |

Another way to form nouns is by combining a noun with an adjective.

Exercise 1

Form nouns from the following words and add the article: **Brot, Zimmer, Stunde, Glas, schlafen, sprechen, schwarz, grün**

1. ....

2. ....

3. ....

4. ....

Exercise 2

Form nouns from the following verbs and complete the sentences using the appropriate noun: **wandern, joggen, wohnen, zahlen**

1. Das .... im Wald ist gesund.

2. Das .... mit der Kreditkarte geht ganz einfach.

3. Beim .... kann man nette Leute kennen lernen.

4. Das .... in einer Großstadt ist oft teuer.

Subjunctive with würde + infinitive

Ich **würde** am liebsten Gymnastik **machen**.

Würdest du mich zum Bahnhof **bringen**?

I'd really like to do gymnastics.

Would you take me to the station?

Using the subjunctive with **würde + infinitive** is a polite way of asking favours and expressing wishes.

Exercise 3

Write down what you would really like to do:

Ich würde am liebsten ein Buch lesen.

1. in die Disko gehen

....

2. einen Kuchen backen

....

3. die Zeitung lesen

....

4. ins Schwimmbad gehen

....

Exercise 4

Complete the sentences using the following reflexive verbs and reflexive pronouns:
sich auskennen,
sich treffen,
sich entscheiden,
sich gewöhnen,
sich erkundigen

1. Hast du .... schon

..................., wohin du fahren möchtest?

2. Sie ...., wann der Zug fährt.

3. Die Deutschen haben ....

daran ...., Müll zu sortieren.

4. Wir .... um 6.00 Uhr am

Bahnhof.

5. .... Sie .... in

der Altstadt aus?

Vocabulary

auskennen (sich)	to know one's way around	**doch**	then
aussuchen	to pick out	**erkundigen (sich)**	to make enquiries
bergsteigen	mountain climbing	**Fitness-Gymnastik, die**	to do workouts
bewegen (sich)	to get some exercise	**frisch**	fresh
bisschen	a little	**gleichzeitig**	at the same time

glücklich	happy	**Sauna, die, -s**	sauna
Großstadt, die, -"e	city	**Schwimmbad, das, -"er**	swimming pool
joggen	to go jogging	**schwimmen**	to swim
Kleinstadt, die, -"e	small town	**Sport treiben**	to do sports
lassen	to let	**Sportart, die, -en**	sport
lohnen (sich)	to be worth-while	**tanzen**	to dance
Luft, die, -"e	air	**überhaupt nicht**	not at all
Morgenstund hat Gold im Mund (Sprichwort)	the early bird gets the worm *(proverb)*	**überlegen**	to think about
		übermorgen	the day after tomorrow
Regenmantel, der, "	raincoat	**wandern**	hike
		weitermachen	to carry on

Clubs, societies and associations

There is no shortage of clubs and societies in Germany. Every kind of sport has its own club. There is the Alpine Club for mountaineers, football clubs for footballers and fishing clubs for anglers, to mention but a few. Profession groups also have their own societies such as choirs or music societies. Members usually meet on their own premises or in the back room of a restaurant, where all the cups which have been won are sometimes displayed.

Trachten- und Kulturvereine (societies to preserve national costumes and foster local traditions) play an important role in Germany. The *Trachtenzug* (the parade of traditional costumes) on the first Sunday of the *Oktoberfest* in Munich would for example be impossible without the assistance of thousands of society members, and the Rhine Carnival could not take place without the many *Trachtengarden* (guards in national costume).

Ein Telefonanruf

Es ist Mittwochabend. Yuki ist im Reisebüro Sonnenschein.
Das Telefon klingelt.

Yuki: Reisebüro Sonnenschein. Guten Tag! Frau Naito am Apparat. Was kann ich für Sie tun?

Herr Zacher: Grüß Gott. Mein Name ist Zacher. Ich möchte die Reiseunterlagen für meine Amerikareise abholen.

Yuki: Wann fliegen Sie denn nach Amerika, Herr Zacher?

Herr Zacher: Am 12. Juli. Ich bleibe bis zum 27. Juli. Zuerst fliege ich nach Cincinnati und dann nach Portland.

Yuki: Einen Moment bitte.

Yuki holt die Reiseunterlagen.

Yuki: Hören Sie? Ihre Reiseunterlagen sind fertig. Sie können sie abholen. Sie haben bereits 1 000 Euro angezahlt. Die Reise kostet 2 145 Euro. Sie können den Restbetrag bei Abholung der Unterlagen mit EC-Karte oder Kreditkarte bezahlen.

Herr Zacher: In Ordnung. Wie lange haben Sie abends geöffnet?

Yuki: Wir haben bis 20.00 Uhr offen. Sie treffen entweder meinen Kollegen Herrn Wagner oder mich an.

Herr Zacher: Gut, dann komme ich in den nächsten Tagen vorbei. Auf Wiederhören!

Yuki: Auf Wiederhören!

Eine Woche später.
Yuki:　　　　Sie wünschen bitte?
Herr Zacher:　Mein Name ist Zacher.
Yuki:　　　　Ach ja, wir haben letzte Woche miteinander
　　　　　　　telefoniert. Ich hole Ihre Reiseunterlagen.
　　　　　　　Einen Moment. Bitte nehmen Sie doch Platz.
Herr Zacher:　Vielen Dank.
Yuki kommt mit den Reiseunterlagen für Herrn Zacher zurück.
Yuki:　　　　Hier sind Ihre Reiseunterlagen. Zahlen Sie
　　　　　　　mit EC-Karte?
Herr Zacher:　Ich würde lieber mit Kreditkarte zahlen.
Yuki:　　　　Kein Problem.

A telephone call

It is Wednesday evening. Yuki is at Sonnenschein Travel Agents. The tele-
phone rings.
Yuki:　　　　Sonnenschein Travel Agents. Good evening! Mrs Naito
　　　　　　　speaking. Can I help you?
Mr Zacher:　Good evening. My name is Zacher. I'd like to pick up
　　　　　　　my travel documents for my trip to the States.
Yuki:　　　　When are you flying to the States, Mr Zacher?
Mr Zacher:　On July 12th. I'm staying until 27th July. First of all,
　　　　　　　I'm flying to Cincinnati and then to Portland.
Yuki:　　　　Just a moment, please.
Yuki fetches the travel documents.
Yuki:　　　　Hello? Your travel documents are ready. You can pick
　　　　　　　them up. You have already made a deposit of 1 000
　　　　　　　euros. The trip costs 2 145 euros. You can pay the
　　　　　　　outstanding sum by EC card or credit card when you
　　　　　　　collect the travel documents.
Mr Zacher:　Yes, all right. How long are you open in the evening?
Yuki:　　　　We're open until 8 p.m. You'll find either my colleague
　　　　　　　Mr Wagner or myself here.
Mr Zacher:　Good, then I'll come by sometime during the next few
　　　　　　　days. Goodbye.
Yuki:　　　　Goodbye.
A week later.
Yuki:　　　　Can I help you?
Mr Zacher:　My name's Zacher.　　　　　　　▶

Yuki:	Oh, yes, we spoke on the telephone last week. I'll go and get your travel documents. Just a minute. Please take a seat.
Mr Zacher:	Thank you very much.

Yuki comes back with Mr Zacher's travel documents.

Yuki:	Here are your travel documents. Are you paying by EC card?
Mr Zacher:	I'd prefer to use my credit card.
Yuki:	No problem.

Telephone vocabulary

eine Telefonnummer wählen	to dial a telephone number
die Auskunft anrufen	to phone directory enquiries
einen Anruf erhalten	to receive a call
den Anruf weiterleiten	to put through a call
zurückrufen	to phone back
um Rückruf bitten	to ask s.o. to call back
eine Nachricht hinterlassen	to leave a message
eine Telefonnummer hinterlassen	to leave a telephone number
den Anrufbeantworter einschalten	to switch on the answerphone
den Anrufbeantworter abhören	to listen to the answerphone
ein Fax verschicken	to send a fax
ein Fax erhalten	to receive a fax
eine E-Mail verschicken	to send an e-mail
eine E-Mail erhalten	to receive an e-mail

Exercise 1

Complete the sentences using the following words: *schicken*, *Anrufbeantworter*, *hinterlassen*, *anrufen*, *Nummer*, *ankommen*, *erhalten*, *um Rückruf*

Frau Dietl kommt ins Büro.

Frau Dietl	Hat jemand für mich .... ?
Herr Wagner	Ja. Herr Schmölder bittet ....

Frau Dietl   Hat er seine Nummer .... ?

Herr Wagner   Nein.

Frau Dietl   Ich glaube, ich habe seine ....

Herr Wagner   Sie haben auch ein Fax ....
                       Ich habe es auf Ihren Schreibtisch gelegt.

Frau Dietl   Haben Sie die E-Mail nach Amerika .... ?

Herr Wagner   Ja. Sie ist schon ....

Frau Dietl   Bitte schalten Sie den .... ein,
                       bevor Sie gehen.

Conjunction entweder ... oder

*Wir gehen **entweder** ins Kino **oder** in die Disko.*
We'll either go to the cinema or we'll go to the disco.

The conjunction **entweder ... oder** is used when there are two possibilities.

Make alternative suggestions to a friend. Make sentences with entweder ... oder:

1. Tennis spielen; Disko gehen

....

2. ins Theater; ins Kino gehen

....

3. nach München; nach Berlin fahren

....

4. Restaurant gehen; zu Hause kochen

....

Exercise 2

Separable verbs

You have already seen some separable verbs with the pre-positions *ab-*, *an-*, *auf-*, *aus-*, *ein-*, *mit-*, *zurück-*, *zu-* as a pre-fix. Other separable prefixes are: *her-*, *hinaus-*, *nach-*, *vor-*, *weg-*, *weiter-* and *zusammen-*

her-	herkommen	*Wissen Sie, wie Sie **herkommen** können?*
	get here	Do you know how to get here?
hinaus-	hinausgehen	*Lasst uns an die frische Luft **hinausgehen**.*
	go out	Let's get some fresh air.
nach-	nachschauen	*Ich **schaue** in den Reiseunter-lagen **nach**.*
	have a look	I'll have a look at the travel documents.
weg-	wegkommen	*Mit der großen Packung **kommen** Sie günstiger **weg**.*
	be better off	You're better off with the large packet.
weiter-	weitergehen	***Geht** schon **weiter**; ich komme nach.*
	go ahead	Go ahead; I'll follow.
zusam-men	zusammen-kommen	*Wann **kommen** wir drei wieder **zusammen**?*
	meet	When will the three of us meet again?

A separable verb can also be formed by combining an adjec-tive + verb.

Adjective + verb

fern + sehen	***fernsehen***	to watch television
*Am Abend **sieht** Frau Glück **fern**.*		Mrs Glück watches television in the evening.

There are some fixed expressions which split in the same way as the separable verbs do.

Verb + verb

liegen lassen   ***Lassen** Sie Ihre Kreditkarte nicht **liegen**.*
leave behind   Don't leave your credit card behind.

spazieren gehen   *Wir **gehen** abends gerne **spazieren**.*
go for a walk   We like going for a walk in the
                           evenings.

kennen lernen   *Beim Bergsteigen **lernt** man neue*
                           *Leute **kennen**.*
get to know   When you go mountain climbing,
                           you get to know new people.

Noun + verb

Rad fahren   to go cycling
Am Wochenende   At the weekends we go cycling.
fahren *wir **Rad**.*

Probe fahren   to test drive
*Er **fährt** das neue*   He's giving the new car a trial run
Auto am Samstag   on Saturday.
Probe.

Complete the
sentences using
the prefixes: *ab-,*
an-, auf-, aus-, ein-,
herein-, nach-,
um-, weiter-.

Exercise 3

1. Das Kind packt das große Geschenk

   als erstes ....

2. Yuki tauscht auf der Post Geld

   ....

3. Yuki gibt den Brief an ihre Schwester

   auf der Hauptpost ....

4. Ich gebe den Mantel an der Garderobe

   ....

5. Frau Dietl nimmt das Telefonat

   .... und leitet es .... ▶

6. Yuki schaut ...., ob die Reiseunterlagen fertig sind.

7. Herr Wagner schaltet den Anruf-

beantworter ....

8. Der Lieferant kommt durch die Hinter-

tür ....

Vocabulary

abholen	to collect	hinterlassen	to leave
abhören	to listen to	holen	go and get
Amerikareise, die, -n	trip to the States	Lieferant, der, -en	supplier
Anrufbeant-worter, der, -	answerphone	liegen lassen	leave behind
antreffen	to find	Nachricht, die, -en	message
anzahlen	to make a down payment	nachschauen	to have a look
		Name, der, -n	name
(Telefon-)Appa-rat, der, -e	telephone	offen	open
bereits	already	Ordnung, die *in:* in Ordnung	all right
bitten *in:* um Rückruf bitten	to ask s.o. to call back	Pfandglas, das, -"er	returnable jar/bottle
E-Mail, die, -s	e-mail	Platz nehmen	to take a seat
einschalten	to switch on	Probe fahren	to test drive
entweder ... oder	either ... or	Rad fahren	to go cycling
		Reiseunter-lagen, die *(Pl.)*	travel docu-ments
Fax, das, -e	fax	Restaurant, das, -s	restaurant
Grüß Gott *(esp. in Southern Germany)*	good morn-ing, good afternoon or good evening	Restbetrag, der, -"e	outstanding sum
Hauptpost, die	main post office	Rückruf, der, -e	return call
		Sie wünschen bitte?	can I help you?
herkommen	to get here	später	later
hinausgehen	to go out		

Supermarkt, der, -"e	supermarket	**wegkommen** *in:* **günstig wegkommen**	to be better off
Telefonhörer, der, -	receiver	**Weisheitszahn, der, -"e**	wisdom tooth
Tennis spielen	to play tennis		
Theater, das, -	theatre	**weitergehen**	to go ahead
übrig	left	**weiterleiten**	to put through
verschicken	to send		
vorbeikommen	to come by	**zusammen-kommen**	meet
wählen	to dial		
Was kann ich für Sie tun?	What can I do for you		

Telephoning

In Germany there are a large number of public telephone boxes. To telephone you need a phonecard, which you can buy at the post office, at petrol stations, at shops of Deutsche Telekom or at a kiosk. To make a call you lift the receiver and insert the card in the designated slot. The amount of money on the card will appear on the display. A long continuous dialling tone will be heard simultaneously and you can key in the numbers.
Some telephone boxes still take coins, however. You can insert 10-, 20- and 50-cent coins, 1- or 2-euro pieces. When you have finished the call, you replace the receiver and you get back any change due or the phonecard.
If you wish to phone Germany from abroad, you dial the international code first – often 00 –, then the country/national code 49, then the dialling code without the zero and then the telephone number. (The country code for Austria is 43, and 41 for Switzerland.)

Eine Hochzeitsfeier

*Frau Glück und Yuki sind zur Hochzeit von Frau Glücks
Nichte Hanna eingeladen. Die Hochzeitsgäste warten am
Standesamt auf das Brautpaar.*

Yuki: Wer ist die ältere Dame mit dem Kostüm
und dem großen Hut?

Frau Glück: Das ist die Mutter des Bräutigams, Frau
Käfer. Neben ihr steht ihr Mann.

Yuki: Aha. Und wo sind die Schwiegereltern des
Bräutigams?

Frau Glück: Die steigen gerade aus dem blauen Auto. Die
Frau in dem schwarzen Kleid ist Hannas
Mutter. Hannas Vater sitzt noch am Steuer.
Ach, da kommen ja auch die Geschwister der
Braut, meine Nichte Lena und mein Neffe
Martin. Da sehe ich auch noch Tante Elfrie-
de. Sie ist die Cousine meiner Mutter. Neben
ihr steht Tante Ena, eine Cousine meines
Vaters. Grüß dich, Tante Elfriede. Wie schön,
dass du da bist. Darf ich dir Yuki, meine japa-
nische Mitbewohnerin vorstellen? Sie ist zum

	ersten Mal auf einer Hochzeit in Deutsch-land.
Elfriede:	Das ist aber schön, dass Sie auch gekommen sind.
Yuki:	Ich habe mich über die Einladung sehr gefreut. Ich bin schon ganz gespannt.
Elfriede:	Da kommt das geschmückte Auto mit dem Brautpaar. Ist die Braut nicht entzückend!

Das Brautpaar und die Hochzeitsgesellschaft gehen in das Standesamt. Nach der Trauung gratulieren die Hochzeitsgäste dem Brautpaar. Anschließend werfen ein paar Gäste Reis über das Brautpaar.

Yuki:	Oh, das machen wir in Japan auch. Das bringt Glück. Welchen Namen trägt das Ehepaar denn jetzt?
Frau Glück:	Beide haben ihre Namen behalten. Hanna heißt weiterhin Hanna Glück und Michael weiterhin Michael Käfer.
Yuki:	Und wenn Hanna und Michael einmal Kinder bekommen, wie heißen denn die?
Frau Glück:	Entweder Glück oder Käfer. Glückskinder sind es auf jeden Fall.

A wedding reception

Mrs Glück and Yuki have been invited to the wedding of Hanna, Mrs Glück's niece. The wedding guests are waiting at the registry office for the bride and groom.

Yuki:	Who is the elderly lady in the costume and the big hat?
Mrs Glück:	That's Mrs Käfer. She's the bridegroom's mother. Her husband is standing next to her.
Yuki:	I see! And where are the groom's parents-in-law?
Mrs Glück:	They are just getting out of that blue car. The woman in the black dress is Hanna's mother. Hanna's father is still sitting behind the steering wheel. Oh, look! There are the bride's brother and sister, my niece Lena and my nephew Martin. I can also see Aunt Elfriede over there. She's my mother's cousin. Aunt Ena, a cousin of

	my father's, is standing next to her. Hello, Auntie
	Elfriede. Nice to see you here. I'd like to introduce Yuki
	to you. She's from Japan and is sharing the flat with me.
	This is the first time she has been to a German wedding.
Elfriede:	It is nice you could come, too.
Yuki:	I was very pleased to get the invitation. I'm very excited.
Elfriede:	Look, there's the bride and groom in the car decorated
	with flowers. Isn't the bride lovely!

The bride and groom and the wedding party go into the registry office. After the wedding ceremony the guests congratulate the couple. Afterwards some guests throw rice over the bride and groom.

Yuki:	Oh, we do that in Japan, too. That brings the newly-
	weds good luck. What will the married couple be called?
Mrs Glück:	They've both kept their own names. Hanna will continue
	to be called Hanna Glück and Michael, Michael Käfer.
Yuki:	And when Hanna and Michael have children, what will
	they be called?
Mrs Glück:	Either Glück or Käfer. At any rate they will be born
	under a lucky star.

Definite article: genitive

Das ist die Mutter des Bräutigams, Frau Käfer.
That's Mrs Käfer, the groom's mother.

Da kommen die Geschwister der Braut.
Look, there are the bride's brother and sister.

singular	masculine	neuter	feminine
nominative	der Mann	das Kind	die Frau
accusative	den Mann	das Kind	die Frau
dative	dem Mann	dem Kind	der Frau
genitive	**des** Mann**es**	**des** Kind**es**	**der** Frau

plural	masculine	neuter	feminine
nominative	die Männer	die Kinder	die Frauen
accusative	die Männer	die Kinder	die Frauen
dative	den Männern	den Kindern	den Frauen
genitive	**der** Männer	**der** Kinder	**der** Frauen

The genitive is used to describe something more precisely:
die Mutter des Bräutigams.

One-syllable nouns and nouns ending in **-ss/ß**, **-z** und **-tz** take the ending **-es** in the genitive singular.

der Freund	*des Freund**es***	friend
der Fluss	*des Fluss**es***	river
der Schmerz	*des Schmerz**es***	pain
der Arzt	*des Arzt**es***	doctor

Nouns ending in **-nis** double the **-s** in the genitive.

das Erlebnis	*des Erlebni**sses***	experience

With names an **-s** is added:

*Frau Glück**s** Nichte Hanna*	Mrs Glück's niece Hanna
*Hanna**s** Schwiegereltern*	Hanna's parents-in-law

In the spoken language instead of using the genitive ending it is more common to say:

*die Nichte **von** Frau Glück*	Mrs Glück's niece

Wessen *Geschenke stehen auf dem Tisch?*	*Die Geschenke der Hoch-zeitsgäste.*
Whose presents are on the table?	The wedding guests' presents.

Wessen is used to ask about possession when referring to persons.

Complete the sentences using the genitive:

1. Die Tante .... ist auch gekommen. (der Bräutigam)

2. Das Kleid .... ist am schönsten. (die Braut)

3. Die Geschenke ....,............... sind phantastisch. (die Hochzeitsgäste)

4. Das Auto .... ist mit Blumen geschmückt. (das Braut-paar)

Exercise 1

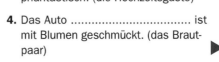

5. Die Geschenke ....
haben mir am besten gefallen. (die
Freundinnen)

Exercise 2

Change the
sentences by
putting the spoken
German form of
the genitive into
written German:

1. Das ist die Tochter von Stephanie.

....

2. Das Fahrrad von Frau Glück steht im
Keller.

....

3. Was macht der Neffe von Gabi?

....

4. Wo sind die Eltern von Hanna und Lena?

....

Possessive pronouns: genitive

*Neben Tante Elfriede steht
Tante Ena, eine Cousine
meines Vaters.*

Aunt Ena, a cousin of my
father's, is standing next to
Aunt Elfriede.

*Ich liebe den Garten vor
dem Haus **meiner Eltern**.*

I love the garden in front
of my parents' house.

singular	masculine	neuter	feminine
nominative	mein Freund	mein Kind	meine Frau
accusative	meinen Freund	mein Kind	meine Frau
dative	meinem Freund	meinem Kind	meiner Frau
genitive	meines Freundes	meines Kindes	meiner Frau

plural	masculine	neuter	feminine
nominative			
	meine Freunde	*meine Kinder*	*meine Frauen*
accusative			
	meine Freunde	*meine Kinder*	*meine Frauen*
dative			
	meinen Freunden	*meinen Kindern*	*meinen Frauen*
genitive			
	*mein**er***	*mein**er***	*mein**er***
	Freunde	*Kinder*	*Frauen*

The genitive ending for possessive pronouns is **-es** in the masculine and neuter singular, and **-er** in the feminine singular and in all plural forms.

Complete the sentences using the genitive ending of the possessive pronouns:

Zur Familienfeier der Familie Glück sind alle Verwandten gekommen: »Wer ist das kleine Mädchen?«, fragt die Großmutter.

»Das ist Amelie, die Nichte ....«,

antwortet Frau Glück. (deine Schwiegertochter)

»Zu wem gehört der nette Junge dort drüben?«

»Der gehört zu dem Cousin ....« (dein Mann)

»Den jungen Mann kenne ich auch nicht.«

»Das glaube ich dir gerne. Das ist der Freund

....« (deine Enkelin)

»Habe ich diese junge Dame schon einmal gesehen?«

»Das glaube ich kaum. Sie ist heute zum ersten Mal hier. Sie ist

die neue Freundin .... (dein Enkel)

Exercise 3

Exercise 4

The bride and groom are writing a thankyou letter. Complete the letter using the following words in the correct form:
Wohnung, (sich) freuen, herzlich, Hochzeitsreise, Geschenke, große, kommen, Hochzeit

---

Liebe Hochzeitsgäste,

wir haben .... sehr ...., dass ihr zu unserer

.... gekommen seid und wir möchten uns ganz

herzlich für die vielen .... bedanken. Ihr habt uns

damit eine .... Freude bereitet.

Jetzt sind wir schon dabei, die Koffer für unsere ....

nach Neuseeland zu packen.

Wenn wir wieder nach Hause ...., laden wir euch

gerne in unsere neue .... in Zürich ein.

Bis dahin grüßen wir euch ganz ....

Hanna und Michael

Vocabulary

Auge, das, -n	eye
aussteigen	to get out of
behalten	to keep
Braut, die, -"e	bride
Bräutigam, der, -e	(bride)groom
Brautpaar, das, -e	bride and groom
Enkel, der, -	grandson
Enkelin, die, -nen	granddaughter
entzückend	lovely
Erlebnis, das, -e	experience
geschmückt	decorated
gespannt sein	to be excited
Hochzeit, die, -en	wedding
Hochzeitsfeier, die, -n	wedding celebration
Hochzeitsgast, der, -"e	wedding guest

Hochzeits-	wedding	**Steuer, das, -**	steering
gesellschaft,	party		wheel
die, -en		**tragen** *in:*	to be called
Kostüm, das, -e	costume	**Namen tragen**	
Neuseeland	New Zealand	**Trauung,**	wedding
Reis, der	rice	**die, -en**	ceremony
Schwieger-	parents-in-	**Verständnis,**	under-
eltern *(Pl.)*	law	**das**	standing
Standesamt,	registry office	**weiterhin**	to continue
das, -"er			

Alcohol limit

In Germany people enjoy drinking alcohol at weddings, at family or company celebrations, during carnival and at summer parties or wine festivals in the autumn. As too much alcohol is sometimes consumed, the police carry out regular alcohol checks. Even car drivers who are not driving in a conspicuous manner will be stopped and breathalysed to check their blood-alcohol level. If the 0.2 legal level is exceeded, the driver has to undergo a blood test in hospital. Even if the driver has not caused an accident, he may be fined or even lose his driving licence. Any driver who is acting conspicuously or who has caused an accident will be punished even with a pro mille content of 0.3.

Ein gemütlicher Abend

Eigentlich möchte Yuki heute Abend mit Tobias ins Deutsche Museum gehen. Aber es regnet. Sie ruft Tobias an.

Yuki: Hallo Tobias! Sollen wir trotz des Regens ins Museum gehen?

Tobias: Hallo Yuki. Ich weiß nicht, wovon du sprichst. Hier scheint die Sonne. Außerhalb der Stadt ist es ganz trocken.

Yuki: Hier innerhalb der Stadt regnet es in Strömen.

Tobias: Aber Yuki, du hast doch einen Regenschirm. Du kannst doch bis zur U-Bahnhaltestelle laufen, ohne nass zu werden.

Yuki: Ich möchte lieber zu Hause bleiben und fernsehen. Ich glaube, heute Abend gibt es ein interessantes Programm.

Tobias: Du willst also statt des Museums lieber fernsehen?

Yuki: Ja, hast du nicht Lust zu kommen?

Tobias: Gut, ich nehme die nächste U-Bahn.

Yuki: Fein. Ich mache uns inzwischen etwas zum Essen.

Nach dreißig Minuten ist Tobias da.

Yuki:	Schön, dass du da bist. Ich habe schon eine Flasche Wein kalt gestellt. Ich hole nur noch die Weingläser aus der Küche.
Tobias:	Ich habe während der Herfahrt ins Fernsehprogramm geschaut. Es gibt heute Abend im Zweiten eine interessante Diskussion zwischen dem Bundeskanzler und dem Oppositionsführer. Kann ich schon mal einschalten?
Yuki:	Ja, die Fernbedienung liegt auf dem Tischchen neben dem Fernseher.

Tobias schaltet das Gerät ein.

Tobias:	Die Sendung beginnt schon. Komm, setz dich.
Ansagerin:	Sehr geehrte Damen und Herren, eigentlich soll jetzt die Diskussion zwischen dem Bundeskanzler und dem Oppositionsführer stattfinden. Aber wegen eines Wolkenbruchs in Mainz kann der Helikopter des Bundeskanzlers nicht wie vorgesehen landen. Wir senden die Diskussion deshalb zu einem späteren Termin. Wir bitten um Ihr Verständnis. Wir setzen unser Programm mit einer Musiksendung fort.
Tobias:	So was Dummes. Jetzt bin ich extra wegen dieser politischen Sendung hergekommen und nun fällt sie aus. Das ist wirklich ärgerlich.
Yuki:	Schalte mal aufs Erste Programm oder auf einen privaten Sender. Vielleicht finden wir ja da eine politische Sendung.
Tobias:	Ehrlich gesagt habe ich jetzt keine Lust mehr auf Fernsehen. Lass uns einen gemütlichen Abend verbringen. Wir können ja auch eine CD hören.
Yuki:	Ja, die von den Bamberger Symphonikern habe ich schon lange nicht mehr gehört.

A pleasant evening

Yuki would like to go with Tobias to the Deutsches Museum tonight, but it's raining. She phones Tobias.

Yuki:	Hello, Tobias. Shall we go to the museum in spite of the rain?
Tobias:	Hello, Yuki. I don't really know what you're talking about. The sun's shining here. It's quite dry out of town.
Yuki:	Here in the centre it's pouring with rain.
Tobias:	But Yuki, you've got an umbrella. You can walk to the underground station without getting wet.
Yuki:	I'd rather stay at home and watch television. I think there's an interesting programme on this evening.
Tobias:	You'd rather watch television than go to the museum?
Yuki:	Yes, I would. Don't you feel like coming over here?
Tobias:	Yes, okay. I'll come on the next train.
Yuki:	Good. In the meantime, I'll get something ready for us to eat.

Thirty minutes later Tobias arrives:

Yuki:	Nice to see you. I've put a bottle of wine in the fridge. I'll go and get the wine glasses out of the kitchen.
Tobias:	On my way here I had a look at the television program guide. On Channel Two there's an interesting discussion between the Chancellor and the opposition leader. Can I switch it on?
Yuki:	Yes, you can. The remote control is on the table near the television set.

Tobias switches on the TV set.

Tobias:	The program has already started. Come and sit down.
Presenter:	Ladies and Gentlemen, the discussion between the Chancellor and the opposition leader should be taking place now. But due to a cloudburst in Mainz, the Chancellor's helicopter cannot land as scheduled. We will therefore be broadcasting the discussion at a later date. We apologise for any inconvenience. We will continue our transmission with a program on music.
Tobias:	How annoying. I came here especially to see this political program and now it has been cancelled. That's really a nuisance.
Yuki:	Put on Channel One or one of the private channels. Perhaps we'll find a political program.

Tobias: To be honest, I don't feel like watching television any more. Let's just spend a pleasant evening together. We can listen to a CD.

Yuki: Yes, let's do that. I haven't heard the CD with the Bamberg Symphonic Orchestra for quite a long time.

Prepositions taking the genitive

Preposition which only take the genitive are: **außerhalb**, **innerhalb**, **statt**, **trotz**, **während**, **wegen**.

*Familien mit Kindern wohnen gern **außerhalb der Stadt**.*	Families with children like to live outside the city.
*Singles wohnen lieber **innerhalb der Stadt**.*	Single people prefer to live in the city centre.
***Statt der Diskussionsrunde** im Fernsehen haben wir uns einen gemütlichen Abend gemacht.*	Instead of watching the discussion on television, we spent a pleasant evening together.
***Trotz des Regens** gehen wir spazieren.*	In spite of the rain, we're going for a walk.
***Während des Essens** klingelte das Telefon.*	While we were eating, the telephone rang.
*Der Helikopter konnte **wegen eines Wolkenbruchs** nicht landen.*	The helicopter couldn't land due to a cloudburst.

Make sentences using the genitive prepositions:

1. während – die Hochzeit – hat es geregnet

....

2. außerhalb – Deutschland – spricht man auch Deutsch

....

Exercise 1

3. statt – das Auto – nehmen wir die U-Bahn

....

4. trotz – der Regen – gehen wir wandern

....

5. wegen – eine Hochzeitsfeier – ist unser Geschäft geschlossen

....

Clauses with obwohl

Instead of the preposition **trotz** a concessive clause with **obwohl** can be used.

Trotz des Regens gehen wir spazieren.	= *Obwohl es **regnet**, gehen wir spazieren.*
In spite of the rain, we're going for a walk.	= Although it's raining, we're going for a walk.
subordinate clause	**main clause**
*Yuki kauft das Kleid **trotz** des hohen Preises.*	= *Yuki kauft das Kleid, **obwohl** der Preis hoch ist.*
Yuki is buying the dress in spite of the high price.	= Yuki is buying the dress although it's expensive.
main clause	**subordinate clause**

Like **dass** and **wenn**, **obwohl** introduces a subordinate clause. The main and subordinate clauses are interchangeable, but the sentence construction must be altered. **Obwohl** is used when the activity in the subordinate clause contrasts with the activity in the main clause. There must also be a verb in the subordinate clause. You may have to add a verb.

***Obwohl** der Preis hoch **ist**, kauft Yuki das Kleid.*	Although the price is very high, Yuki is buying the dress.
*Wir gehen spazieren, **obwohl** es **regnet**.*	We're going for a walk, although it is raining.

Make sentences
with *obwohl* using
the verbs given:

1. Trotz des heißen Wetters gehen wir zum
Bergsteigen. (sein)

....

2. Trotz des Stadtplans findet Yuki den
Weg in Bamberg nicht. (haben)

....

3. Trotz des koffeinfreien Kaffees kann
Yuki nicht schlafen. (trinken)

....

Exercise 2

Statt + infinitive with zu

Statt fernzusehen, *sind wir*   Instead of watching television,
in die Disko gegangen.   we went to the disco.

Statt expresses the idea that something has been done
instead of something else. **Statt** is often used with the
infinitive + zu.

Make sentences
with *statt +*
infinitive and *zu*:

1. nach München fliegen – lieber nach
Hamburg fliegen / wir

....

2. ins Kino gehen – lieber ins Schwimmbad
gehen / sie *(Sg.)*

....

3. der Zug fährt nicht um 17.30 Uhr ab –
der Zug fährt erst um 18.00 Uhr ab

....

4. Das Flugzeug landet nicht 12.15 Uhr –
das Flugzeug landet schon um 11.30 Uhr

....

Exercise 3

---

ohne ... zu + infinitive

*Du kannst bis zur U-Bahnhaltestelle laufen, **ohne** nass **zu werden**.*
You can walk to the underground station without getting wet.

***ohne ... zu**-clauses describe a result or an event which will not occur or should not occur. **ohne ... zu + infinitive** can only be used when the persons in the main and subordinate clause are the same.

Exercise 4

Join the following sentences with *ohne ... zu*:

1. Die Familie verreist. Sie nimmt die Katze nicht mit.

....

2. Die Kinder überqueren die Straße. Sie schauen nicht nach rechts und links.

....

3. Die Gäste kommen herein. Sie klingeln nicht an der Tür.

....

4. Herr Kawasaki geht nach Hause. Er schaltet den Anrufbeantworter nicht ein.

....

5. Sie geht weg. Sie verabschiedet sich nicht.

....

6. Er nimmt das Stipendium an. Er überlegt nicht lange.

....

Vocabulary

ärgerlich	annoying	Musiksendung,	musical
ausfallen	to cancel	die, -en	program
außerhalb	out of	nass	wet
Ausstellung,	exhibition	Oppositions-	opposition
die, -en		führer, der, -	leader
Bundeskanzler	Chancellor	politisch	political
Diskussion,	discussion	Preis, der, -e	price
die, -en		privat	private
Diskussions-	discussion	Regen, der	rain
runde, die, -n	group	Regenschirm,	umbrella
dumm	stupid	der, -e	
ehrlich gesagt	to be honest	regnen	to rain
eigentlich	in fact	schalten	to turn on
es regnet in	pour with	scheinen	to shine
Strömen	rain	senden	to broadcast
fein	good	Sender, der, -	television
Fernbedie-	remote		station
nung, die, -en	control	Sendung,	program
Fernsehpro-	television	die, -en	
gramm,	program	Sonne,	sun
das, -e		die, -n	
fortsetzen	to continue	statt	instead of
geehrte	dear	Tischchen,	small table
gemütlich	pleasant	das, -	
Helikopter,	helicopter	trocken	dry
der, -		trotz	in spite of
Herfahrt, die	way here	unbedingt	definitely
innerhalb	in	verbringen	to spend
inzwischen	in the mean-	verreisen	to go on
	time		holiday
kalt stellen	to put in the	vorgesehen	if necessary
	fridge	während	during
landen	to land	wegen	due to
Lust, die *in:*	to feel like	Weinglas,	wine glass
Lust haben zu		das, -"er	
Museum, das,	museum	Wetter, das	weather
(Pl.) Museen		Wolkenbruch,	cloudburst
		der, -"e	

Television

In Germany there is hardly a household without a television set. Most families have several sets as the number of programmes has increased considerably in the last few years as a result of the many new private channels.

The public broadcasting television channels are **ARD** and **ZDF** and there are the so-called third channels, the regional channels, which broadcast more local news and productions.

You have to have a radio and television licence to watch television as the public broadcasting channels are financed primarily by means of licensing fees and not by advertising revenue.

People often consider it impolite if you telephone when the main news programmes are being broadcast (7 p.m. in **ZDF** and 8 p.m. in **ARD**).

Eine peinliche Situation

*Yuki ist auf dem Weg zur Sprachenschule. Am Kiosk kauft sie
noch schnell eine Fahrkarte. Jetzt sitzt sie in der Straßenbahn
und sieht Beatrice.*

Yuki:	Guten Morgen, Beatrice. Wie geht's?
Beatrice:	Ich bin müde. Ich bin gestern Abend zu spät ins Bett gegangen.
Yuki:	Ich habe heute Morgen verschlafen.

*An der nächsten Station steigen vier Personen ein. Plötzlich
hören Yuki und Beatrice die Stimme eines Mannes:*

	Fahrscheinkontrolle. Ihre Fahrscheine bitte.
Beatrice:	Da ist ein Kontrolleur, der unsere Fahrscheine sehen will. Wo habe ich nur meine Fahrkarte? Ach, hier in meinem Geldbeutel. Bitte schön, hier ist meine Fahrkarte.
Kontrolleur:	Danke.
Yuki:	Und hier ist meine.
Kontrolleur:	Ihre Fahrkarte ist nicht gültig.
Yuki:	Aber ich habe doch eine Fahrkarte gekauft!
Kontrolleur:	Die Fahrkarte, die Sie gekauft haben, ist in Ordnung. Aber Sie haben sie nicht gestempelt.
Yuki:	Kann ich die Fahrkarte noch stempeln?

Kontrolleur:	Nein, das ist jetzt zu spät. Sie müssen eine Strafe von 30 Euro zahlen. Können Sie sich ausweisen?
Yuki:	Ja, natürlich, hier ist mein Pass.
Kontrolleur:	Wo wohnen Sie in München?
Yuki:	Bei Frau Glück am Rotkreuzplatz 5.
Kontrolleur:	Wie weit wollen Sie noch fahren?
Yuki:	Bis zur Universität.
Kontrolleur:	Ich stelle Ihnen einen Fahrschein aus, mit dem Sie bis zur Universität fahren können. Wollen Sie die 30 Euro sofort zahlen oder lieber überweisen?
Yuki:	Muss ich die 30 Euro wirklich bezahlen?
Kontrolleur:	Ja. Ich kann wirklich keine Ausnahme machen. Bitte haben Sie Verständnis. Ich muss mich auch an meine Vorschriften halten.

Yuki zahlt die 30 Euro. Ihr ist die Situation peinlich.

Kontrolleur:	Hier ist Ihre Quittung. Schauen Sie mal auf das Plakat, das da oben hängt. Da steht ganz deutlich *Fahrscheine vor der Fahrt entwerten.* Auf Englisch und Französisch steht es auch noch da. Auf Japanisch allerdings nicht. Aber Sie sprechen ja Deutsch. Auf Wiedersehen!

An embarrassing situation

Yuki is on her way to the language school. At the kiosk she hurriedly buys a ticket. Now she is sitting on the tram and sees Beatrice.

Yuki:	Good morning, Beatrice. How are you?
Beatrice:	I'm tired. I went to bed too late last night.
Yuki:	I overslept this morning.

At the next station four people get on. Suddenly Yuki and Beatrice hear a man's voice:

	Ticket inspection. Your tickets, please.
Beatrice:	Here's an inspector who wants to see our tickets. Where did I put my ticket? Oh, here it is in my purse. Here you are. Here's my ticket.
Inspector:	Thank you.
Yuki:	And here's mine.

Inspector:	Your ticket isn't valid.
Yuki:	But I've just bought it!
Inspector:	The ticket you bought is all right. But you haven't stamped it.
Yuki:	Can I still stamp the ticket?
Inspector:	No, it's too late now. You'll have to pay a fine of 30 euros. Have you got any form of identification?
Yuki:	Yes, of course. Here's my passport.
Inspector:	Where do you live in Munich?
Yuki:	At 5 Rotkreuzplatz, with Mrs Glück.
Inspector:	How far do you want to travel?
Yuki:	As far as the university.
Inspector:	I'll write out a ticket which will take you as far as the university. Do you want to pay the 30 euros now or would you prefer to transfer the money?
Yuki:	Do I really have to pay 30 euros?
Inspector:	Yes, you do. I really can't make an exception. I hope you understand. I have to keep to the regulations.

Yuki pays 30 euros. She finds the situation very embarrassing.

Inspector:	Here's your receipt. Just look at that notice over there. It states quite clearly *Tickets must be cancelled before boarding the train.* It's also written in English and French. Not in Japanese, though. But you speak German after all. Goodbye.

Relative clause

Da ist ein Kontrolleur.	There's a ticket inspector.
Der Kontrolleur will unsere Fahrscheine sehen.	The ticket inspector wants to see our tickets.
Ich stelle Ihnen einen Fahrschein aus. Mit dem Fahrschein können Sie bis zur Universität fahren.	I'll write you out a ticket. You can travel as far as the university with the ticket.

The second sentence describes more precisely a person or a thing mentioned in the first sentence. We can form a relative clause and then join the two sentences together. The relative clause always follows the noun or pronoun which it describes more precisely.   ▶

*Da ist ein Kontrolleur, **der unsere Fahrscheine sehen will.***

There's an inspector who wants to see our tickets.

*Ich stelle Ihnen einen Fahrschein aus, **mit dem Sie bis zur Universität fahren können**.*

I'll write you out a ticket which you can travel with as far as the university.

Relative pronouns: nominative, accusative, dative and genitive

To form a relative clause, you need a relative pronoun. The forms of the relative pronouns correspond to the forms of the definite article with the exception of the dative plural and genitive singular und plural.

	singular			plural
	masculine	neuter	feminine	
nominative	..., der ...	..., das ...	..., die ...	..., die ...
accusative	..., den ...	..., das ...	..., die ...	..., die ...
dative	..., dem ...	..., dem ...	..., der ...	..., **denen** ...
genitive	..., **dessen** ...	..., **dessen** ...	..., **deren** ...	..., **deren** ...

Prepositions come before the relative pronouns.

Ich habe gerade mit der Ärztin gesprochen. Sie ist meine Cousine.

I have just spoken to the doctor. She is my cousin.

*Die Ärztin, **mit der** ich gerade gesprochen habe, ist meine Cousine.*

The doctor I have just spoken to is my cousin.

Relative clauses: nominative, accusative, dative and genitive

Nominative

singular
masculine
*Der Kontrolleur, **der** jung ist, kommt.*
  antecedent   relative pronoun

neuter
*Hier ist das Bier, **das** gut ist.*
    antecedent   relative pronoun

feminine
*Hier ist die Tasche, **die** neu ist.*
     antecedent   relative pronoun

plural
*Hier sind die Kollegen, **die** aus den USA sind.*
      antecedent   relative pronoun

Accusative

singular
masculine
*Der Hornist, **den** wir gehört haben, wohnt in Bamberg.*
antecedent   relative pronoun

neuter
*Das Gemüse, **das** Sie gerade essen, ist vom Viktualienmarkt.*
antecedent   relative pronoun

feminine
*Die Dame, **die** Sie gerade gesehen haben, kommt aus München.*
antecedent   relative pronoun   ▶

plural

*Die Touristen, **die** Sie dort sehen können, sind Japaner.*
antecedent   relative pronoun

Dative

singular
masculine
*Das ist mein Freund, **dem** das neue Auto gehört.*
    antecedent   relative pronoun

neuter
*Das ist das Geburtstagskind, **dem** die Kinder gratulieren.*
    antecedent   relative pronoun

feminine
*Das ist meine Freundin, **der** ich viel von dir erzählt habe.*
    antecedent   relative pronoun

plural
*Das sind meine Nachbarn, **denen** ich viel geholfen habe.*
    antecedent   relative pronoun

The antecedent which is to be defined more precisely determines the gender (masculine, feminine or neuter) and the number (singular or plural).
The case of the relative pronouns depends on which part of the sentence the relative pronoun replaces. If it replaces the subject, the relative pronoun is in the nominative. If it replaces the object, then it is in the accusative or dative, corresponding to the object. If a genitive attribute or a possessive pronoun is replaced, it is in the genitive.

Genitive

singular
masculine
*Siehst du den Hund dort, **dessen** Herrchen krank ist?*

neuter
*Magst du das Auto, **dessen** Farbe ich sehr schön finde?*

feminine
*Das ist die Frau, **deren** Fahrrad kaputt ist.*

plural
*Siehst du die Bamberger Symphoniker, **deren** Musikinstrumente sehr teuer sind?*

Match the sentences:

Exercise 1

1. Wie heißt das Museum,

a in dem wir so gut gegessen haben?

2. Das ist Frau Gebhardt,

b das wir in Mainz besucht haben?

3. Sind das die Medikamente,

c den Frau Gebhardt bekommt.

4. Ist das das Restaurant,

d die die Ärztin mir verschrieben hat?

5. Hier ist der Blumenstrauß,

e die uns zum Essen eingeladen hat.

Complete the sentences using relative pronouns:

Exercise 2

1. Das Reisebüro sucht eine junge Frau, ... leichte Büroarbeiten macht.

2. Hier ist ein Herr am Telefon, ... eine Stelle sucht.

3. Frau Glück gibt Yuki einen Brief, ...
der Postbote gebracht hat.

4. Yuki hat zwei Freundinnen, ... in
die Sprachenschule gehen.

5. Endlich kommen die Gäste, ... ich
schon so lange gewartet habe. (warten
auf)

Exercise 3

Complete the sentences using the relative pronoun in the genitive:

1. Die Freundin, ... Mann mein
Kollege ist, geht mit mir ins Konzert.

2. Der Autofahrer, ... Auto eine
Panne hat, ruft den ADAC an.

3. Das Schloss, in .... Räumen Konzerte stattfinden, ist renoviert.

4. Eine Frau, ... Namen ich leider
vergessen habe, hat für dich angerufen.

Vocabulary

ADAC, der	General German Automobile Association
ausstellen	to write out
ausweisen (sich)	to prove one's identity
Bett *in:* ins Bett gehen	to go to bed
deutlich	clearly
enthalten	to include
entwerten	to cancel
erhöht	increased
Fahrschein, der, -e	ticket
Fahrschein-kontrolle, die, -n	ticket inspection
Fahrt, die, -en *in:* vor der Fahrt	before boarding
Geburtstags-kind, das, -er	birthday girl/boy
Geldbeutel, der	purse
Grammatik, die	grammar
gültig	valid
halten (sich)	to keep
Hand *in:* in der Hand	in one's hand
Herrchen, das, -	master

Hornist, der, -en	horn player	Plakat, das, -e	notice
Hubschrauber, der, -	helicopter	Quittung, die, -en	receipt
Instrument, das, -e	instrument	renovieren	to renovate
kaputt	broken	Schloss, das, -"er	palace
Kontrolleur, der, -e	inspector	Situation, die, -en	situation
leicht	easy, simple	Sprachen-schule, die, -n	language school
müde	tired	stattfinden	to take place
Nachbar, der, -n	neighbour	stempeln	to stamp
Panne, die, -n	breakdown	überweisen	to transfer
peinlich	embarrassing	verschlafen	to oversleeep
		wegfahren	to drive away

The Press

There are both national and regional newspapers. If you have ordered a daily newspaper, it will be delivered early in the morning or will arrive by post sometime during the morning. In most cities there are boxes containing newspapers and you can take a newspaper after you have inserted the required amount of money. Newspapers can also be bought at kiosks or in grocery stores. In large towns you can buy the next day's newspapers the evening before from newspaper sellers.

As well as the big daily newspapers such as the *Süddeutsche Zeitung*, the *Frankfurter Allgemeine*, *Die Welt* or the *Züricher Allgemeine Zeitung*, there are many regional newspapers and popular papers. The best known weekly newspapers with a wide circulation are *Die Zeit* and the *Rheinischer Merkur*. The important political magazines *Spiegel* and *Focus* appear on Mondays.

Test 4

1 Choose one of the two possible solutions. Then go to the square showing the number of the solution you think is correct.

2 Wie geht es deinen Eltern?
… geht es gut.
Denen ⇨ 8
Die ⇨ 15

6 Wrong!
Go back to number 8.

7 Wrong!
Go back to number 4.

11 Wrong!
Go back to number 29.

12 Very good. Next one: Ich hole mir einen Hamburger. Möchtest du auch … ?
einen ⇨ 16
keinen ⇨ 24

16 Good. Next one: Bitte schalten Sie den … ein, bevor Sie gehen.
Anrufbeantworter ⇨ 22
Fax ⇨ 18

17 Wrong!
Go back to number 22.

21 Wrong!
Go back to number 13.

22 Correct! Die Geschenke … Gäste stehen auf dem Tisch.
den ⇨ 17
der ⇨ 19

26 Wrong!
Go back to number 30.

27 Good. Continue: Ich suche eine Wohnung außerhalb … Stadt.
die ⇨ 23
der ⇨ 12

3 Wrong!

Go back to number 5.

4 Good. Continue:
Der Kompost-
eimer … auf dem
Balkon.
steht ⇨ 20
stellt ⇨ 7

5 Correct.
Next one:
… gehen wir heute
Abend?
Wo ⇨ 3
Wohin ⇨ 13

8 Correct.
Continue:
Die Schuhe stehen …
dem Tisch.
zwischen ⇨ 6
unter ⇨ 25

9 Wrong!

Go back to number 25.

10 Wrong!

Go back to number 14.

13 Correct!
Continue:
Ich … am liebsten
Bergsteigen.
würden ⇨ 21
würde ⇨ 29

14 Very good!
Continue:
Hat jemand für
mich … .
anrufen ⇨ 10
angerufen ⇨ 30

15 Wrong!

Go back to number 2.

18 Bad luck!
Next one:

Go back to number 16.

19 Correct!

End of exercise.

20 Well done!
Next one:
Herr Müller bittet
um … .
Rückruf ⇨ 5
Anruf ⇨ 28

23 Sorry!

Go back to number 27.

24 Wrong!

Go back to number 12.

25 Very good.
Continue:
Das ist eine Cousine
… Vaters.
meines ⇨ 14
meiner ⇨ 9

28 Wrong!

Go back to number 20.

29 Well done!
Continue:
Ich kaufe den Pullover,
… er teuer ist.
statt ⇨ 11
obwohl ⇨ 27

30 Correct.
Continue:
Das sind die Nachbarn,
… ich geholfen.
deren ⇨ 26
denen ⇨ 4

Ein Verkehrsunfall

Yuki und Frau Glück sitzen in der Küche. Yuki liest die Lokalnachrichten in der Zeitung.

Schwerer Unfall am Rotkreuzplatz

Gestern Morgen gegen 7.45 Uhr ereignete sich am Rotkreuzplatz ein schwerer Verkehrsunfall, bei dem ein Kind verletzt wurde: Der achtjährige Stefan F. war auf dem Weg zur Schule. Der Schüler fuhr mit seinem Fahrrad auf dem Radweg und wollte die Volkartstraße an der Ampel überqueren. Ein Autofahrer wollte an derselben Stelle rechts abbiegen und übersah den Radfahrer.
Es kam zu einem Zusammenstoß, bei dem das Kind vom Fahrrad fiel und sich schwer verletzte. Eine Ambulanz brachte den Schüler ins Krankenhaus. Glücklicherweise trug der Schüler einen Fahrradhelm. Er hatte dadurch keine Kopfverletzungen.

Yuki:	Der Unfall ist ja praktisch vor unserer Haustür passiert. Haben Sie den Unfall gesehen?
Frau Glück:	Nein, als der Unfall passiert ist, war ich gerade beim Zahnarzt.
Yuki:	Kennen Sie das Kind?

Frau Glück:	Ja, das ist der kleine Junge von Frau Freimoser aus dem ersten Stock. Der Bub mit den dunklen Haaren.
Yuki:	Ach, den meinen Sie? Ja, den kenne ich auch. Er ist wirklich sehr nett und höflich. Er hält mir immer die Tür auf, wenn ich nach Hause komme. Das tut mir Leid für den Jungen. Wissen Sie in welchem Krankenhaus er ist?
Frau Glück:	Ja, er liegt im Rotkreuz-Krankenhaus, gleich bei uns um die Ecke.
Yuki:	Vielleicht sollte ich ihn besuchen. Er würde sich bestimmt freuen.
Frau Glück:	Ja, das glaube ich auch. Lassen Sie uns doch heute Nachmittag gemeinsam hingehen.

A road accident

Yuki and Mrs Glück are sitting in the kitchen. Yuki is reading the local news in the newspaper.

Serious accident at Rotkreuzplatz

A child was injured in a serious accident which happened at Rotkreuzplatz at about 7.45 a.m. yesterday morning. 8-year-old Stefan F. was on his way to school. The schoolboy was riding his bike on the cycle track and was about to cross Volkartstraße at the traffic lights. A car driver who was turning right at the same spot did not see the cyclist. The two collided and the child fell off his bike and was badly injured. The boy was taken to hospital in an ambulance. Fortunately, the boy was wearing a crash helmet, and suffered no head injuries.

Yuki:	The accident happened more or less in front of our house. Did you see the accident?
Mrs Glück:	No, I didn't. When the accident happened, I was at the dentist's.
Yuki:	Do you know the child?

▶

Mrs Glück:	Yes, I do. He's Mrs Freimoser's little boy. They live on the first floor. He's the boy with the dark hair.
Yuki:	Oh, do you mean him? Yes, I know him, too. He is really a very nice, polite boy. He holds the door open for me when I come home. I feel so sorry for him. Do you know which hospital he's in?
Mrs Glück:	Yes, he's in Rotkreuz Hospital, just round the corner.
Yuki:	Perhaps I should go and see him. I'm sure he'd like that.
Mrs Glück:	Yes, I think he would. Let's go and see him together this afternoon.

Preterite and perfect

Gegen 7.45 Uhr **ereignete** *sich ein schwerer Verkehrsunfall.*	There was a serious road accident at about 7.45 a.m.
Stefan F. **war** *auf dem Weg zur Schule.*	Stefan F. was on his way to school.
Yuki: Der Unfall **ist** *ja praktisch vor unserer Haustür* **passiert.**	Yuki: The accident more or less happened in front of our house.

The preterite (the past) and the perfect are used when the activities or events described are in the past.
The preterite is used in the written language, for example in newspaper reports and written accounts. Apart from a few exceptions, the perfect is normally used in spoken language (more information in lesson 27).

Preterite: regular verbs

Der Fahrer **machte** *einen Fehler.*	The car driver made a mistake.
Am Rotkreuzplatz **ereignete** *sich ein Unfall.*	The accident happened at Rotkreuzplatz.

singular			plural		
ich	mach**te**	**-e**	wir	mach**ten**	**-en**
du	mach**test**	**-est**	ihr	mach**tet**	**-et**
Sie	mach**ten**	**-en**	Sie	mach**ten**	**-en**
er / sie / es	mach**te**	**-e**	sie	mach**ten**	**-en**

singular			plural		
ich	antwort**ete**	**-e**	wir	antwort**eten**	**-en**
du	antwort**etest**	**-est**	ihr	antwort**etet**	**-et**
Sie	antwort**eten**	**-en**	Sie	antwort**eten**	**-en**
er / sie / es	antwort**ete**	**-e**	sie	antwort**eten**	**-en**

The preterite of regular verbs is formed by inserting a **-t-** or **-et-** between the stem and the ending. **-et** is inserted when the stem ends in **-d**, **-t**, **-m** or **-n**:

sich verabreden:	arrange to meet:
er verabredete sich	he arranged to meet s.o.
warten: er wartete	wait: he waited
atmen: er atmete	breathe: he breathed
regnen: es regnete	rain: it rained
Ausnahme: wohnen: er wohnte	exception: live: he lived

Put the following verbs in the preterite:

1. achten   wir ....

2. bedienen   sie *(Pl.)* ....

3. bezahlen   ich ....

4. fragen   ihr ....

5. grüßen   wir ....

6. meinen   er ....

7. gratulieren   du ....

8. lernen   sie *(Sg.)* ....

9. klingeln   es ....

10. probieren   ich ....

Exercise 1

Preterite: irregular verbs

infinitive	preterite	past participle
beginnen	begann	begonnen
bitten	bat	gebeten
bleiben	blieb	geblieben
bringen	brachte	gebracht
denken	dachte	gedacht
empfangen	empfing	empfangen
essen	aß	gegessen
finden	fand	gefunden
fliegen	flog	geflogen
frieren	fror	gefroren
gehen	ging	gegangen
hängen	hing	gehangen
helfen	half	geholfen
kennen	kannte	gekannt
kommen	kam	gekommen
laufen	lief	gelaufen
lesen	las	gelesen
liegen	lag	gelegen
misslingen	misslang	misslungen
nehmen	nahm	genommen
nennen	nannte	genannt
rufen	rief	gerufen
schlafen	schlief	geschlafen
schneiden	schnitt	geschnitten
schreiben	schrieb	geschrieben
schwimmen	schwamm	geschwommen
sitzen	saß	gesessen
sprechen	sprach	gesprochen
trinken	trank	getrunken
verschreiben	verschrieb	verschrieben
werfen	warf	geworfen

Irregular verbs modify the vowels in the verbal stem and often the consonants change. You should learn the forms by heart. It would be best to learn the past participle at the same time.

Preterite: haben and sein

haben to have

singular		plural	
ich	**hatte**	wir	**hatten**
du	**hattest**	ihr	**hattet**
Sie	**hatten**	Sie	**hatten**
er / sie / es	**hatte**	sie	**hatten**

haben **hatte** gehabt

sein to be

singular		plural	
ich	**war**	wir	**waren**
du	**warst**	ihr	**wart**
Sie	**waren**	Sie	**waren**
er / sie / es	**war**	sie	**waren**

sein **war** gewesen

Preterite: modal verbs

dürfen	**durfte**	be allowed to	was allowed to
können	**konnte**	can, be able to	could
müssen	**musste**	must, have to	had to
wollen	**wollte**	want to	wanted to
sollen	**sollte**	should	should
mögen	**mochte**	like	liked

Exercise 2

Form the preterite of these inseparable verbs (there are four irregular verbs):

1. bekommen ....

2. erklären ....

3. besichtigen ....

4. verdienen ....

5. misslingen ....

6. erzählen ....

7. beginnen ....

8. behandeln ....

9. erwarten ....

10. verschreiben ....

Exercise 3

Complete the sentences by putting the verbs in exercise 2 into the preterite:

1. Die Touristen .... das Brandenburger Tor.

2. Letztes Jahr .... ich nicht viel Geld.

3. Die Großmutter .... von ihren Enkelkindern.

4. Die Ärztin .... Yuki zwei Medikamente.

5. Gestern .... ich Besuch von meiner Freundin.

6. Das Konzert .... um 20.00 Uhr.

7. Das neue Backrezept .... leider.

8. Die Ärztin .... mich in der neuen Praxis.

9. Die Lehrerin .... die Grammatik.

Preterite: separable verbs

*Der Fahrer **bog** rechts **ab**.*   The car driver turned right.

*Der Zug **kam** verspätet **an**.*   The train arrived late.

The prefix, as is the case in the present tense, goes to the end of the sentence.

Put the following separable verbs into the preterite:

1. ankommen   wir ....

2. anprobieren   ich ....

3. auflegen   ihr ....

4. ausgehen   ich ....

5. ausfüllen   wir ....

6. einladen   sie *(Sg.)* ....

7. einkaufen   es ....

8. einpacken   wir ....

9. einwerfen   ich ....

10. mitbringen   er ....

Exercise 4

Complete the following sentences by putting verbs from exercise 4 into the preterite:

1. Die Hochzeitsgäste ....

Geschenke ....

2. Wir .... gestern Abend ....

3. Das Brautpaar .... die Gäste

zur Hochzeitsfeier ....

4. Der Zug .... pünktlich in

Bamberg ....

Exercise 5

▶

5. Wir .... Geschenke für die

Hochzeit ....

6. Frau Glück .... den Brief

....

---

abbiegen	to turn (off)	ereignen (sich)	to happen
achten	to observe	erklären	to explain
achtjährig	8-year-old	erwarten	to expect
Ambulanz, die, -en	ambulance	Fahrradhelm, der, -e	crash helmet
Ampel, die, -n	traffic lights	fehlen	to be absent
anschauen	to look at	frieren	to feel cold
atmen	to breathe	gemeinsam	together
aufhalten	to hold open	glücklicher- weise	fortunately
auflegen	to put down		
ausgehen	to go out	grüßen	to greet
Autofahrer, der, -	driver	Haar, das, -e	hair
		Haustür, die, -en	front door
Autounfall, der, -"e	car accident		
		hingehen	to go (there)
Backrezept, das, -e	recipe	höflich	polite
		klingeln	to ring
begeistert sein	to be enthu- siastic	Kopfverlet- zung, die, -en	head injury
Besuch, der, -e	visitor	lassen	to leave
		laufen	to walk
besuchen	to go and see	Leid *in:* das tut mir Leid	I'm sorry
bitten	to ask		
Bub, der, -en	boy	Lokalnach- richt, die, -en	local news
dadurch	for this reason		
dieselbe	same	passieren	to happen
einwerfen	to post	Radweg, der, -e	cycle track
empfangen	to welcome	rennen	to run
Enkelkind, das, -er	grandchild	rufen	to shout
		Schüler, der, -	schoolboy

Stelle, die, -n *in:* **dieselbe** **Stelle**	same	**Verkehrsunfall,** **der, -"e**	road accident
Tür, die, -en	door	**verletzen (sich)**	to injure (oneself)
üben	to practise	**verletzt**	injured
übersehen	to overlook, to fail to see	**werden**	to become
Unfall, der, -"e	accident	**werfen**	to throw
verabreden **(sich)**	to arrange to meet	**Zusammen-** **stoß, der, -"e**	collision

Germans are keen cyclists

One of the reasons why cycling has made a comeback in the last few years is because people have become more environmentally aware. In many cities cycle tracks have been built to make cycling safer. At traffic lights there are often extra lights for cyclists, which are normally synchronised with the lights for pedestrians. Cyclists on cycle paths have right of way. Although it is not compulsory for cyclists to wear a crash helmet, many now do.

Except during peak periods, passengers may take bicycles on the Underground or on local trains but they must have a ticket for the bike. School children are taught road safety regulations at school and take a cycle test at the age of ten.

Besuch im Krankenhaus

Frau Glück und Yuki besuchen Stefan im Rotkreuz-Kranken-
haus. Frau Glück fragt an der Pforte nach der Zimmer-
nummer von Stefan.

Frau Glück: Wir möchten zu Stefan Freimoser. Er ist seit
gestern im Krankenhaus.

Pförtner: Freimoser, Stefan … er liegt auf Station 14,
Zimmer 148. Das ist die Kinderstation.

Frau Glück: Wie kommen wir zur Kinderstation?

Pförtner: Ganz einfach, Sie gehen den Gang entlang.
Am Ende des Ganges ist der Aufzug. Mit
dem fahren Sie in den vierzehnten Stock.
Dort fragen Sie notfalls noch eine Krankenschwester.

Frau Glück: Vielen Dank.

*Frau Glück und Yuki sind im Krankenzimmer. Stefan liegt
im Bett. Sein rechtes Bein und sein linker Arm sind banda-
giert.*

Yuki:	Hallo, Stefan!
Frau Glück:	Grüß dich, Stefan! Wie geht's dir?
Stefan:	Nicht so gut. Mein Kopf tut mir weh und bewegen kann ich mich auch nicht richtig.
Yuki:	Wir haben in der Zeitung gelesen, dass du einen Unfall hattest.
Stefan:	Steht das in der Zeitung?
Yuki:	Ja. Wir haben dir die Zeitung mitgebracht. Schau, hier steht's: Schwerer Unfall am Rotkreuzplatz.
Frau Glück:	Wie ist der Unfall denn passiert?
Stefan:	Ich bin mit dem Rad in die Schule gefahren, aber ich bin gar nicht bis zur Schule gekommen. Ich wollte an der Ampel bei Grün die Volkartstraße überqueren, doch da war plötzlich ein blaues Auto auf dem Zebrastreifen. Wir sind zusammengestoßen und ich bin vom Fahrrad gefallen und am Boden liegen geblieben.
Yuki:	Was ist mit deinem Bein und deinem Arm?
Stefan:	Ich bin ja auf die Straße gestürzt und habe mir den Arm und das Bein gebrochen.
Frau Glück:	Was ist mit deinem Fahrrad passiert?
Stefan:	Das ist ganz kaputt.
Yuki:	Und was hat der Autofahrer gemacht?
Stefan:	Der ist mit ins Krankenhaus gefahren und ist bei mir geblieben, bis meine Mutter gekommen ist.
Yuki:	Hat er sich wenigstens bei dir entschuldigt?
Stefan:	Ja, er hat mir auch etwas zum Spielen und zum Naschen geschenkt. Er kauft mir auch ein neues Fahrrad. Das hat er mir versprochen. Ich darf es mir sogar aussuchen.

A visit to the hospital

Mrs Glück and Yuki go to see Stefan in Rotkreuz-Krankenhaus. Mrs Glück enquires about Stefan's room number at the reception.

Mrs Glück:	We'd like to see Stefan Freimoser. He has been here since yesterday.
Porter:	Freimoser, Stefan … he's in ward 14, room 148. That's the children's ward.
Mrs Glück:	How do we get to the children's ward?
Porter:	It's quite easy. You go down the corridor. At the end of the corridor there's a lift. Take it to the fourteenth floor. If necessary, ask a nurse there for the way.
Mrs Glück:	Thank you very much.

Mrs Glück and Yuki are in the room. Stefan is in bed. His right leg and his left arm are in bandages.

Yuki:	Hello, Stefan!
Mrs Glück:	Hello, Stefan! How are you?
Stefan:	Not so good. My head hurts and I can't move myself properly.
Yuki:	We read in the paper that you'd had an accident.
Stefan:	Is it in the newspaper?
Yuki:	Yes. We've brought the paper along for you. Look, here it says: Serious accident at Rotkreuzplatz.
Mrs Glück:	How did the accident happen?
Stefan:	I was cycling to school, but I didn't get that far. I was about to cross Volkartstraße. The lights were green, but suddenly there was a blue car on the pedestrian crossing. We collided and I fell off my bike and then I was lying on the ground.
Yuki:	What have you done to your leg and your arm?
Stefan:	Well, I fell on to the road and broke my arm and leg.
Mrs Glück:	What happened to your bike?
Stefan:	It's broken.
Yuki:	What did the driver do?
Stefan:	He came with me to the hospital and stayed with me until my mother arrived.
Yuki:	Did he at least say he was sorry?
Stefan:	Yes, he did. He also brought me something to play with and some sweets. He's going to buy me a new bike. He has promised me that. I can even choose it myself.

Preterite or perfect?

In spoken German the perfect is used for activities and events which take place in the past. With **sein**, **haben** and **werden** as well as with modal verbs (**können**, **dürfen**, **müssen**, **wollen**, **mögen**), the preterite is preferred, especially when the adverb of time is at the beginning of the sentence.

Stefan: *Ich **wollte** die Ampel überqueren, doch da **war** plötzlich ein blaues Auto.* (Statt: *Ich habe die Ampel überqueren wollen, doch da ist plötzlich ein blaues Auto gewesen.*)

Stefan: I was about to cross at the traffic lights, but suddenly a blue car appeared.

*Am Montag **hatte** ich viel zu tun.* (Statt: *Am Montag habe ich viel zu tun gehabt.*)

On Monday I had a lot to do.

Both the perfect and preterite are used in questions with **haben** and **sein**:

Warst *du schon einmal in Amerika?* = **Bist** *du schon einmal in Amerika **gewesen**?*

Have you ever been to America?

Hattest *du dort eine schöne Zeit?* = **Hast** *du dort eine schöne Zeit **gehabt**?*

Did you have a nice time there?

The underlined preterite forms are not generally used in the spoken language. Replace these forms with the perfect:

1. Yuki: Ich <u>rief</u> letzte Woche bei dir an.

....

Tobias: Tut mir Leid, aber ich war die ganze Woche in Frankfurt.

.... ▶

Exercise 1

2. Beatrice: Was <u>machtest</u> du am Wochenende?

....

Yuki: Ich <u>blieb</u> zu Hause. Ich musste für
die Deutschprüfung lernen.

....

3. Yuki: Wo warst du gestern? Warum
<u>kamst</u> du nicht zum Deutschunterricht?

....

Maria: Ich war krank.

4. Maria: Warum <u>kamst</u> du nicht zum Wandern <u>mit</u>?

....

Beatrice: Ich wollte einmal ausschlafen.

Exercise 2

Make sentences
saying what you
did while you
were on holiday.
On holiday I …:

*lange schlafen: Im Urlaub habe ich
lange geschlafen.*

1. spät ins Bett gehen

....

2. gut frühstücken

....

3. ins Schwimmbad gehen

....

4. in die Sauna gehen

....

5. Zeitung lesen

....

Complete the sentences with **bremsen, überholen, Ausfahrt, sperren.** Use the correct tense:

Exercise 3

1. Die Ampel schaltete auf Gelb und er

   ....

2. Wir sind gleich da. Bei der nächsten

   .... musst du von der Auto-

   bahn runter.

3. Wegen eines schweren Verkehrsunfalls

   war die Autobahn ....

4. Wir sind sehr schnell gefahren, trotzdem

   .... uns ein Motorradfahrer

   ....

Vocabulary

Arm, der, -e	arm	**langweilig**	boring
Aufzug, der, -"e	lift	**naschen**	to eat sweets
Ausfahrt,	exit	**notfalls**	if necessary
die, -en		**Pforte,**	reception
Autobahn,	motorway	die, -n	
die, -en		**schalten**	to turn on
bandagieren	to bandage	**sperren**	to close (off)
Bein, das, -e	leg	**stürzen**	to fall over
bewegen	to move	**überholen**	to overtake
Boden, der	ground	**versprechen**	to promise
brechen	to break	**Wandertag,**	class hike
bremsen	to brake	der, -e	
entschuldigen	to say sorry	**wehtun**	to hurt
(sich)		**wenigstens**	at least
fallen	to fall	**Zebrastreifen,**	pedestrian/
Gang, der, -"e	corridor	der, -	zebra crossing
halten	to stop	**Zimmernum-**	room number
Hausaufgabe,	homework	mer, die, -n	
die, -n		**zusammen-**	to collide
Kinderstation,	children's	stoßen	
die, -en	ward		

Salutation and greetings in postcards and letters

Typical salutations for friends and relatives are:

Liebe Christine, ... or **Hallo Christine, ...**
You close the letter with **Herzlichst; Herzliche Grüße** or **Liebe Grüße** and first name, or **deine** or **dein** and first name, or **eure** or **euer** and first name.

The salutation in official letters is **Sehr geehrte Damen und Herren, ...** and if you know the addressee you write, for example **Sehr geehrte Frau Müller, ...** or **Sehr geehrter Herr Müller, ...** . You close with **Mit freundlichen Grüßen** or with **Freundliche Grüße** and sign with your first name and your family name.

Die Abschlussprüfung

*Frau Holzer spricht mit den Kursteilnehmern über die
Abschlussprüfung.*

Frau Holzer: Ich möchte mich mit Ihnen über die
Abschlussprüfung unterhalten.

Beatrice: Wann findet die Prüfung statt?

Frau Holzer: Die Gruppenprüfung findet am nächsten
Mittwoch von 9.00 Uhr bis 12.00 Uhr statt.
Für die Einzelprüfungen am Nachmittag
hängen wir einen Terminplan aus.

Maria: Können Sie uns bitte noch einmal über die
Anforderungen informieren?

Frau Holzer: Natürlich. Die Prüfung besteht aus ver-
schiedenen Prüfungsteilen. Der erste Teil
prüft das Leseverstehen. Sie erhalten dazu
fünf kurze Texte, zu denen Fragen gestellt
werden. Im Prüfungsteil »Schriftlicher Aus-
druck« müssen Sie einen Brief mit zirka
hundert Wörtern schreiben. Danach
machen wir eine Pause. Anschließend gibt es

	einen Hörverstehenstest und Wortschatzaufgaben. In der Einzelprüfung, die fünfzehn Minuten dauert, stellen wir Ihnen Fragen zu verschiedenen Themen, die wir im Unterricht besprochen haben.
Yuki:	Ist das nicht ein bisschen viel?
Frau Holzer:	Das glaube ich nicht. Sie haben in den letzten Monaten alle regelmäßig am Kurs teilgenommen, wir haben alle wichtigen Themen behandelt und uns ausreichend mit der Grammatik beschäftigt. Jetzt können Sie zeigen, was Sie gelernt haben.
Olivia:	Müssen wir alle Verben mit Präpositionen kennen?
Frau Holzer:	Alle nicht. Sie können sich auf die wichtigsten konzentrieren.
Yuki:	Bekommen wir nach der Prüfung ein Zeugnis?
Frau Holzer:	Selbstverständlich. Sie brauchen ja einen Nachweis, wenn Sie sich um eine Stelle mit Deutschkenntnissen bewerben wollen. Jetzt habe ich aber noch eine gute Nachricht für Sie: Ich möchte Sie zu unserer Abschlussparty nach der Prüfung ab 19.00 Uhr in der Schule einladen. Vielleicht können wir auf der Terrasse feiern. Das hängt vom Wetter ab. Ich hoffe, Sie kommen alle.
Klasse:	Natürlich.
Yuki:	Ich freue mich sehr über die Einladung. Aber bis dahin muss ich noch viel lernen.

The final examination

Mrs Holzer is talking to the course participants about the final examination.

Frau Holzer:	I'd like to talk to you about the final exam.
Beatrice:	When does the exam take place?

Frau Holzer:	The group exams are on Monday from 9.00 a.m. until 12.00 noon and the time schedule will be up on the notice board for the one-to-one examinations in the afternoon.
Maria:	Could you give us some information about the requirements once again please?
Frau Holzer:	Of course. The examination is in several parts. The first part tests listening comprehension. You will be given five short texts followed by questions on the texts. In the section "Written expression" you must write a letter of about a hundred words. Then there'll be a break. Afterwards there is a listening comprehension test and vocabulary exercises. In the one-to-one examination, which lasts fifteen minutes, we will ask you questions on various topics which we have discussed during the lessons.
Yuki:	Isn't that rather a lot?
Frau Holzer:	I don't think so. You have all attended the course regularly over the past few months and we have dealt with all the important topics and spent enough time on the grammar. Now you can show what you've learnt.
Olivia:	Do we have to know all the verbs with prepositions?
Frau Holzer:	Not all of them. You can concentrate on the most important ones.
Yuki:	Will we be getting a certificate after the exam?
Frau Holzer:	Yes, of course. You will need proof of your knowledge of German when you apply for a job. But now I've got some good news for you: I'd like to invite you to a party in the school after the exam at 7 p.m. Perhaps we can have the party on the terrace. It depends on the weather. I hope you'll all come along.
Class:	Of course we will.
Yuki:	I'm very pleased to get the invitation. But I've still got a lot to learn before the party.

Verbs with prepositions

*Frau Holzer **unterhält sich mit** den Kursteilnehmern **über** die Prüfung.*	Mrs Holzer is talking to the course participants about the examination. ▶

Yuki **freut sich über** *die Einladung.*   Yuki is very pleased to get the invitation.

There are many verbs which have specific preposition and take a specific case – usually the dative *(D)* or the accusative *(A)*.

abhängen von + D	to depend on
sich amüsieren über + A	to be amused at
sich ärgern über + A	to get angry/annoyed about
aufhören mit + D	to stop it
sich aufregen über + A	to get worked up about
sich bedanken bei + D; für + A	to thank s.o. for
beginnen mit + D	to start with
berichten über + A	to report on
sich beschäftigen mit + D	to deal with
sich beschränken auf + A	to confine to
bestehen aus + D	to consist of
sich bewerben um + A	to apply for
sich beziehen auf + A	to refer to
bitten um + A	to ask for
brauchen zu + D	to need for
danken für + A	to thank for
denken an + A	to think about
diskutieren über + A	to discuss
einladen zu + D	to buy
erfahren durch + A	to find out from
sich erinnern an + A	to remember
erzählen von + D	to tell about
fragen nach + D	to ask about
sich freuen über + A	to be pleased about
sich gewöhnen an + A	to get used to
gratulieren zu + D	to congratulate on
sich handeln um + A	to be about
helfen bei + D	to help with
hinweisen auf + A	to refer to
hoffen auf + A	to hope for
informieren über + A	to inform about

sich interessieren für + A	to be interested in
sich konzentrieren auf + A	to concentrate on
sich kümmern um + A	to look after
lachen über + A	to laugh about
nachdenken über + A	to think about
profitieren von + D	to profit from
rechnen mit + D	to reckon with
reden über + A	to talk about
reden von + D	to talk about
schmecken nach + D	to taste of
schreiben an + A	to write to
sich schützen vor + D	to protect o.s. from
sprechen über + A	to speak about
teilnehmen an + D	to take part in
träumen von + D	to dream of
sich unterhalten über + A	to talk about
sich verabreden mit + D	to arrange to meet
verbinden mit + D	to put through
vergleichen mit + D	to compare
sich verlassen auf + A	to rely on
sich verlieben in + A	to fall in love with
sich verständigen mit + D	to communicate with
sich verstehen mit + D	to get on (well) with
sich vorbereiten auf + A	to prepare for
warten auf + A	to wait for
sich wenden an + A	to turn to
wissen von + D	to know about

Complete the sentences using the prepositions *um* (2x), *mit* (3x), *über* (2x), *an*, *aus*, *nach*:

1. Die Lehrerin informiert die Kursteilnehmer .... den Prüfungstermin.

2. Darf ich .... Ihrem Namen fragen?

3. Die Eltern kümmern sich .... die Kinder.

Exercise 1

4. Hast du dich .... deiner Freundin verabredet?

5. Ich muss dich .... Hilfe bitten.

6. Frau Glück versteht sich gut .... Yuki.

7. Ich habe mich .... den Busfahrer geärgert.

8. Bald kann ich mich .... dir auf Deutsch verständigen.

9. Kannst du dich nicht .... diesen Herrn erinnern?

10. Die Abschlussprüfung besteht .... mehreren Teilen.

Match the sentences:

1. Wir haben uns über

a mit der Personalabteilung.

2. Vergleichen Sie unsere Reisen

b Tobias verabredet?

3. Wir beziehen uns

c der Übung helfen?

4. Bitte verbinden Sie mich

d den Deutschen verständigen?

5. Ich warte am Bahnhof

e das deutsche Essen gewöhnt.

6. Wann hat sich Yuki mit

f den Blumenstrauß gefreut.

7. Kannst du mir bei

g den Film amüsiert?

8. Habt ihr euch über

h auf Ihren Brief vom 12. September.

9. Yuki hat sich an

i auf meine Familie.

10. Können Sie sich jetzt mit

j mit den Reisen des Reisebüros Sonnenschein.

abhängen	to depend on	inhaltlich	text-related
Abschlussparty, die, -s	(end-of-term) party	interessieren für (sich)	to be interested in
Abschlussprüfung, die, -en	final examination	Kleinschreibung, die	use of small letters
Anforderung, die, -en	requirement	konzentrieren (sich)	to concentrate
aufhören	to stop	kurz	short
aufregen über (sich)	get excited about	lachen	to laugh
aushängen	to put up on	letzte	last
behandeln	to deal with	nachdenken über	to think about
berichten	to report	Nachricht, die, -en	news
beschäftigen mit (sich)	to deal with	Nachweis, der, -e	proof
bestehen aus	to consist of	profitieren	to profit
beziehen auf (sich)	to refer to	prüfen	to examine
bis dahin	until then	Prüfung, die, -en	examination
diskutieren	to discuss		
Einzelprüfung, die, -en	one-to-one examination	Prüfungsteil, der, -e	part of the examination
erfahren	to find out	rechnen	to reckon
erinnern (sich)	to remember	reden über	to talk about
Frage, die, -n	question	regelmäßig	regularly
gewöhnen an (sich)	to get used to	schützen vor (sich)	to protect o.s. from
Großschreibung, die	capitalization	stellen *in:* Frage stellen	ask
Gruppenprüfung, die, -en	group examination	teilnehmen an	to take part in
handeln um (sich)	to be about	Terminplan, der, -"e	(time) schedule
hinweisen	to refer	Terrasse, die, -n	terrace
hoffen auf	to hope for	Text, die, -e	text
Hörverstehen, das	listening comprehension	Thema, das, *(Pl.)* Themen	topic
informieren	to inform	träumen von	to dream of

unterhalten über (sich)	to talk about	**vorbereiten auf (sich)**	to prepare for
verbinden	to put through	**wenden an (sich)**	to turn to
vergleichen	to compare		
verlassen	to leave	**wichtig**	important
verlieben in (sich)	to fall in love with	**Wortschatz- aufgabe, die, -n**	vocabulary exercise
verschieden	different		
verständigen (sich)	to commu- nicate	**Zeugnis, das, -se**	certificate
verstehen (sich)	to get on		

The school system

Children normally start school at the age of six. Pupils first attend primary school, **Grundschule**. At the end of the fourth year, pupils who have reached a required grade can go to grammar school, **Gymnasium**, where 9 years later they take their **Abitur** and, if they wish, may start studying at a university. Pupils who do not obtain the grade required to go to a **Gymnasium** can attend the 5th–10th class at **Realschule** and take the school leaving examination, the **Mittlere Reife**. They can then serve an apprenticeship, a **Lehre**, or study at a **Fachoberschule**. Pupils who cannot or do not wish to attend either a **Gymnasium** or a **Realschule** attend a secondary school called the **Hauptschule** from the 5th–9th class and then can serve an apprenticeship. While serving the apprenticeship, the apprentice attends a vocational school, **Berufsschule**, on compulsory day release. In Germany the school system is the responsibility of the Länder. Each Land has the possibility of organizing its own school system, and, in particular, the different routes to higher and further education.

Eine Überraschung

Heute hatte Yuki ihre Abschlussprüfung. Sie ist müde und kommt nach Hause. Sie klingelt an der Tür, weil sie ihren Schlüssel vergessen hat.

Yuki: Entschuldigung, ich habe meinen Schlüssel vergessen.

Frau Glück: Das macht nichts. Sie waren heute Morgen sehr in Eile. Wie war die Prüfung?

Yuki: Ich hoffe, nicht zu schlecht. Das Leseverständnis war nicht schwierig, weil ich die meisten Wörter kannte. Aber die Wortschatzaufgaben! Ich weiß wirklich nicht, ob ich alle Aufgaben richtig habe. Ich möchte jetzt jedenfalls keine Bücher mehr sehen.

Frau Glück: Das glaube ich Ihnen gerne. Aber vielleicht möchten Sie eine Person sehen?

Yuki: Eine Person? Wen denn? Ist Tobias da?

Frau Glück: Nein. Gehen Sie mal ins Wohnzimmer und schauen Sie, wer dort auf Sie wartet.

Yuki geht ins Wohnzimmer.

Yuki: Miki, ich kann es nicht glauben, du bist hier! So eine Überraschung. Wann bist du gekommen?

Miki:	Heute mit dem Flugzeug, weil du mir doch Geld überwiesen hast. Ich habe einfach einen Tapetenwechsel gebraucht. Immer nur die Familie. Ich musste einfach mal raus.
Yuki:	Hast du denn schon ein Hotel gebucht?
Miki:	Nein, aber Frau Glück hat mir schon angeboten, dass ich hier schlafen kann.
Yuki:	Das ist aber nett. Weißt du was, ich rufe in der Schule an und frage nach, ob du heute Abend an der Abschlussfeier teilnehmen kannst.
Miki:	Das würde ich gerne machen.

A surprise

Yuki had her final examination today. She is tired and has just come home. She rings the door bell, because she has forgotten her key.

Yuki:	I'm sorry but I've forgotten my key.
Mrs Glück:	That doesn't matter. You were in a great hurry this morning. How did you get on in the exam?
Yuki:	I hope that I wasn't too bad. The listening comprehension wasn't difficult because I knew most of the words. But, oh those vocabulary exercises! I really don't know if I got them all right. At any rate, I don't want to see any more books.
Mrs Glück:	I can well believe that. But perhaps there is someone you'd like to see?
Yuki:	A person? Who then? Is Tobias here?
Mrs Glück:	No, he isn't. Just go into the living room and see who is waiting for you there.

Yuki goes into the living room.

Yuki:	Miki, I can't believe it, you're here! What a surprise! When did you arrive?
Miki:	Today, by plane. You transferred some money to my account, after all! I needed a change of scene. Just the family all the time. I simply had to get away.
Yuki:	Have you already booked a room in a hotel?
Miki:	No, but Mrs Glück has already offered to let me sleep here.

Yuki: That's very kind of her. Do you know what! I'll ring up
             the school and ask if you can come to the party this
             evening.

Miki: I'd like to do that very much.

Subordinate clause with weil

main clause
Yuki klingelt an der Tür,

subordinate clause
*weil sie ihren Schlüssel
vergessen hat.*

Yuki rings the bell

because she has forgotten
her key.

The conjunction **weil** is used to give an explanation of
something mentioned in the main clause. It answers the
question »Why?«: **warum? wieso? weshalb?**

The subordinate clause can come first.

subordinate clause
*Weil du mir Geld überwiesen
hast,*

main clause
*bin ich mit dem Flugzeug
gekommen.*

*Weil sie ihren Schlüssel
vergessen hat,*

klingelt Yuki an der Tür.

Because she has forgotten
her key

Yuki rings the bell.

**Join these
sentences using
a subordinate
clause with weil:**

Yuki geht ins Bett. Sie ist müde.
Yuki geht ins Bett, weil sie müde ist.

1. Stefan liegt im Krankenhaus. Er hatte
einen Unfall.

....

2. Ich komme zu spät. Ich habe den Bus
verpasst.

.... ▶

Exercise 1

3. Yuki geht zur Post. Sie will Briefmarken kaufen.

....

4. Mir tun die Augen weh. Ich habe zu lange gelesen.

....

5. Ich bin nass. Ich hatte keinen Regenschirm.

....

Indirect questions with ob

Darfst du heute Abend an der Abschlussfeier teilnehmen?	*Ich frage nach, **ob** du heute Abend ander Abschlussfeier teilnehmen darfst.*
Can you go to the party tonight?	I'll ask whether you can go to the party tonight.
direct question without interrogative pronoun	**indirect question**
main clause	**subordinate clause**

*Ich weiß nicht, **ob** ich alle Aufgaben richtig habe.*
I don't know whether I got all the exercises right.

The conjunction **ob** is used in indirect interrogative clauses without an interrogative pronoun. In the subordinate clause the verb, as in all subordinate clauses, is found at the end of the sentence.

Exercise 2

Make indirect questions from direct questions beginning with *Weißt du ...*:

Kommt Miki zur Abschlussfeier? Weißt du, ob Miki zur Abschlußfeier kommt?

1. Findet morgen die Prüfung statt?

....

2. Fährt dieser Zug nach Berlin?

....

3. Beginnt das Konzert um 19.30 Uhr?

....

4. Gibt es hier eine Toilette?

....

Complete the sentences using *ob* or *weil*:

1. Sie ist mit dem Auto gefahren, ... es geregnet hat.

2. Yuki möchte wissen, ... Tobias heute Abend kommt.

3. Weißt du, ... es morgen Abend ein Fußballspiel im Fernsehen gibt?

4. Ich habe das Telefon nicht gehört, ... ich im Bad war.

Exercise 3

Complete the sentences using *Bordkarte* (boarding pass), *Fenster* (window), *landen* (land), *Flug* (flight), *Rauchen* (smoking), *Gepäck* (luggage), *Gang* (aisle), *sich anschnallen* (fasten seatbelts), *Einsteigen* (boarding):

1. Wir .... in wenigen Minuten auf dem Flughafen Köln/Bonn. Wir bitten Sie das .... einzustellen. Bitte begeben Sie sich auf Ihren Sitzplatz und .... Sie ....

2. Begeben Sie sich bitte sofort zum Check-in und geben Sie Ihr .... auf.

3. Kapitän Müller und seine Crew wünschen Ihnen einen angenehmen ....

Exercise 4

4. Möchten Sie einen Raucher- oder Nicht-

raucherplatz? .... oder

.... ?

5. Hier ist Ihre .... Das ....

beginnt um 13.15 Uhr am Ausgang A8.

Vocabulary

angenehm	pleasant	**einsteigen**	to board
anschnallen	to fasten your seatbelt	**einstellen**	to extinguish
		Gang, der, -"e	aisle
Aufgabe, die, -n	exercise	**Gepäck, das**	luggage
		jedenfalls	at any rate
begeben (sich)	to proceed to	**Kapitän, der**	captain
bestehen	to pass (an exam)	**ob**	whether
		raus	get away
Bordkarte, die, -n	boarding pass	**schwierig**	difficult
Check-in, der	check-in counter	**Tapeten-wechsel, der, -**	change of scene
		Toilette, die, -n	toilet
Crew, die	crew	**weil**	because
Eile, die	hurry	**weshalb?**	why?

Smoking

Smokers in Germany are finding life more and more difficult. An increasing number of restaurants have no-smoking areas and in public buildings smoking is only allowed in specially allotted areas. In buses, trams, local trains and in the Underground smoking is prohibited and in open-plan offices employees have the right to demand a smoke-free environment.

Die Heimreise

Der letzte Tag von Yukis und Mikis Deutschlandaufenthalt ist gekommen. Sie haben ihre Koffer gepackt und sind ein bisschen traurig. Frau Glück und Tobias bringen die beiden zum Flughafen.

Frau Glück: Haben Sie auch nichts vergessen, Yuki?

Yuki: Nein, ich denke, ich habe alles eingepackt. Aber mein Koffer ist so schwer. Diese vielen Souvenirs. Der Bierkrug ist am schwersten. Aber den musste ich einfach mitnehmen.

Tobias: Wo hast du denn dein Abschlusszeugnis?

Yuki: Hier im Handgepäck. Das Zeugnis behalte ich bei mir, damit ich es meinen Freunden gleich zeigen kann. Ich bin so froh, dass ich die Prüfung so gut bestanden habe.

Tobias: Ich bin wirklich erstaunt, was du in so kurzer Zeit alles gelernt hast.

Yuki: Ja, als ich vor sechs Monaten nach Deutschland kam, konnte ich kaum ein Wort Deutsch sprechen.

Tobias:	Du musst unbedingt wiederkommen. Vielleicht im nächsten Sommer?
Yuki:	Wenn ich es mir leisten kann, komme ich gern wieder.
Frau Glück:	Yuki, Ihr Flug nach Sapporo ist soeben aufgerufen worden. Ich glaube, Sie müssen zur Passkontrolle.
Yuki:	Wo ist Miki?
Frau Glück:	Gerade war sie noch da.
Tobias:	Sie steht da drüben am Kiosk. Jetzt kommt sie.
Miki:	Ich wollte nur noch schnell einen Bildband über München kaufen, damit meine Familie sehen kann, wo ich war.
Frau Glück:	Wir müssen zur Passkontrolle.

An der Passkontrolle.

Tobias:	Es tut mir wirklich Leid, dass du zurückfliegen musst, Yuki.
Yuki:	Mir auch, Tobias.
Tobias:	Ich habe noch ein kleines Abschiedsgeschenk für dich.
Yuki:	Was ist denn das?
Tobias:	Ein Herzerl fürs Herzerl.
Yuki:	Herzlichen Dank. Das ist lieb von dir!

Tobias und Yuki umarmen sich. Nun sind auch Frau Glück und Miki an der Passkontrolle.

Yuki:	Vielen Dank für alles, was Sie für mich getan haben, Frau Glück. Es hat mir sehr gut bei Ihnen gefallen.
Frau Glück:	Sie waren mir eine angenehme Mitbewohnerin. Ich wünsche Ihnen einen guten Rückflug, Yuki, und Ihnen einen guten Flug nach Amerika, Miki. Grüßen Sie Ihre Familie von mir.
Miki:	Vielen Dank noch mal, dass ich bei Ihnen wohnen durfte.
Yuki und Miki:	Auf Wiedersehen!

Going back home

It's the last day of Yuki's and Miki's stay in Germany. They have packed their suitcases and are a little sad. Mrs Glück and Tobias are taking them to the airport.

Mrs Glück:	Have you forgotten anything, Yuki?
Yuki:	No, I think I've packed everything. But my case is so heavy. All these souvenirs. The beer mug is the heaviest. But I really must take it with me.
Tobias:	Where have you got your examination certificate?
Yuki:	Here in my hand luggage. I'll carry it with me, so that I can show it to my friends as soon as I arrive. I'm so glad that I did so well in the exam.
Tobias:	I'm quite astonished that you've learnt so much in such a short time.
Yuki:	Yes. When I came to Germany six months ago, I couldn't speak a word of German.
Tobias:	You really must come back again. Perhaps next summer?
Yuki:	If I can afford it, I'd love to come again.
Mrs Glück:	Yuki, they've just called out the flight to Sapporo. I think that you'll have to go to passport control.
Yuki:	Where's Miki?
Mrs Glück:	She was here a moment ago.
Tobias:	There she is, over there at the kiosk. She's coming now.
Miki:	I just wanted to buy an illustrated book of Munich so that I can show my family where I have been.
Mrs Glück:	We've got to go to the passport control.

At the passport control.

Tobias:	I'm so sorry that you have to fly back home, Yuki.
Yuki:	So am I, Tobias.
Tobias:	I've got a little farewell present for you.
Yuki:	What is it?
Tobias:	A little heart for a sweetheart.
Yuki:	Thank you so much. That's very sweet of you!

Tobias and Yuki give each other a hug. Mrs Glück and Miki are now also at the passport control.

Yuki:	Thank you so much for everything you have done for me, Mrs Glück. I did enjoy staying with you.
Mrs Glück:	You were a very pleasant flat mate. I hope you have a pleasant flight back, Yuki. And Miki, I hope you have a pleasant flight to the States, too. Give your family my kindest regards.

Miki: Thank you once again for letting me stay with you.
Yuki and Miki: Goodbye!

Subordinate clauses with als

Als der Unfall **passierte,**   When the accident hap-
war ich nicht zu Hause.   pened, I was not at home.

Ich **war** nicht zu Hause,   I wasn't at home when the
als der Unfall **passierte.**   accident happened.

Als is used for a unique event or a unique situation in the
past. **Als** introduces a subordinate clause in the preterite.
The activities or situations described in both the main and
subordinate clauses happen at the same time. The main and
subordinate clauses are interchangeable, but the subject and
the verb change position in the main clause.

Exercise 1

Complete the
following sentences,
putting the verbs
in brackets in
the preterite:

1. Als es an der Tür .... ,

   .... Frau Glück die Tür.

   (klingeln/öffnen)

2. Ich .... am Flughafen, als

   das Flugzeug .... (sein/

   landen)

3. Wo .... ihr, als es .... ?

   (sein/regnen)

4. Als der Fußgänger die Straße .... ,

   .... es zu einem Unfall.

   (überqueren/kommen)

Complete the sentences using modal verbs:

Als ich ein Kind war, musste ich um 19.00 Uhr ins Bett gehen. (müssen)

1. ich nicht immer fernsehen. (dürfen)

....

2. ich mit meinem Bruder spielen. (wollen)

....

3. ich Karotten essen. (müssen)

....

4. ich in den Kindergarten gehen. (wollen)

....

Subordinate clauses with damit

*Das Zeugnis behalte ich bei mir, **damit** ich es meinen Freunden gleich zeigen kann.*

I'll carry the certificate with me, **so that** I can show it to my friends immediately.

Subordinate clauses with **damit** describe a purpose, an objective, an aim or an intention. Modal verbs which describe a purpose, an aim or an intention (wollen, sollen, mögen) are omitted in the subordinate clause.

Make sentences by joining the two clauses with damit:

Ich gehe heute Abend früh ins Bett. Ich will morgen ausgeschlafen sein. Ich gehe heute Abend früh ins Bett, damit ich morgen ausgeschlafen bin.

1. Ich sende dir eine E-Mail. Es geht schneller.

....

2. Ich mache die Tür zu. Du kannst dich auf deine Arbeit konzentrieren.

....

3. Yuki lernt Deutsch. Sie kann sich um eine interessante Stelle bewerben.

....

4. Maria muss früh aufstehen. Sie will die U-Bahn nicht verpassen.

....

Exercise 4

Complete the sentences using the following words *Abflug* (departure/take-off), *Visum* (visa), *Abreise* (departure), *stornieren* (cancel), *kontrollieren* (check), *abholen* (collect), *Einreise* (entry), *starten* (take off), *Grenze* (frontier):

1. Zwei Tage vor der .... kann ich die Tickets im Reisebüro ....

2. Da sie krank war, musste sie ihren Flug ....

3. An der Grenze wurde ich nicht ....

4. Das Flugzeug .... um 9.45 Uhr. Wir müssen zwei Stunden vor dem .... am Flughafen sein.

5. Vor einer Reise in die USA muss man ein .... beantragen.

6. Wir sind mit dem Auto gefahren. Bei der .... nach Frankreich mussten wir zwei Stunden an der .... warten.

Vocabulary

Abflug, der, -"e	take-off/ departure	**Herzerl, das**	little heart, sweetheart
Abreise, die, -n	departure	**kontrollieren**	to check
Abschieds- geschenk, das, -e	farewell present	**leisten (sich)**	to afford
		mitnehmen	to take along
		packen	to pack
Abschlusszeug- nis, das, -se	leaving certificate	**Passkontrolle, die, -n**	passport control
aufrufen	to call out	**rechtzeitig**	in time
Bierkrug, der, -"e	beer mug	**Rückflug, der, -"e**	return flight
Bildband, der, -"e	illustrated book	**soeben**	just
		Souvenir, das, -s	souvenir
drüben	over there	**starten**	to take off
Einreise, die, -n	entry	**stornieren**	to cancel
erstaunt sein	to be astonished	**umarmen (sich)**	to hug one another
Flug, der, -"e	flight	**unbedingt**	really
Flughafen, der, -"	airport	**Visum, das, (Pl) Visa**	visa
Grenze, die, -n	frontier, border	**vorbereiten (sich)**	to get ready
Handgepäck, das	hand luggage		
Heimreise, die, -n	journey home	**zurückfliegen**	to fly back

Saying goodbye

Auf Wiedersehen! is the normal way of saying goodbye, and you usually shake hands. It is much more common now than it used to be for friends and relatives to give each other a hug or a kiss on the cheek when saying goodbye at airports and on railway platforms. *Ciao! (Tschau!)* is also used in addition to the common informal form of address *Tschüs!*. Trendy young people prefer to say *Man sieht sich!*

Key to the exercises

Exercise 1:   **1.** Sie   **2.** Du   **3.** Sie / Wir   **4.** Er   **5.** Sie

Exercise 2:   **1.** lernt   **2.** wohnen   **3.** kommt   **4.** trinkt   **5.** lerne

Exercise 3:   **1.** bist   **2.** seid   **3.** sind   **4.** sind

Exercise 4:   **1.** hat / haben   **2.** haben   **3.** habe   **4.** hat

Exercise 5:   **1. b –**   **2. d –**   **3. c –**   **4. a –**

Lesson 2

Exercise 1:   **1.** Der   **2.** Das   **3.** Das   **4.** Das   **5.** Der

Exercise 2:   **1. eine** Frau. **Die**   **2. ein** Hund. **Der**   **3. eine** Katze. **Die**

Exercise 3:   **1. einen** Tee und **ein** Wasser   **2. einen** Kaffee
3. eine Cola   **4. einen** Hund   **5. eine** Katze   **6. ein** Auto

Exercise 4:   **1.** Wer   **2.** Was   **3.** Wen   **4.** Was   **5.** Wen

Exercise 5:   **1.** Was **möchtest** du trinken?   **2.** Wir **dürfen** hier nicht
parken.   **3.** Yuki **kann** im Wohnzimmer fernsehen.   **4.** Ihr **könnt** im
Bad duschen.   **5.** Du **darfst** hier rauchen.

Lesson 3

Exercise 1:   **1.** Was möchten Sie trinken?   **2.** Wohin wollen Sie
fahren?   **3.** Wohin fahren Sie?   **4.** Was nehmen Sie?

Exercise 2:   **1.** Das Kind **will** Schokolade.   **2.** Wir **wollen** in die
Stadt fahren.   **3.** Yuki **will** eine Fahrkarte kaufen.   **4.** Frau Glück
und Yuki **wollen** Kaffee trinken.   **5.** Du **willst** Deutsch lernen.

Exercise 3:   **1.** Yuki kann Deutsch sprechen.   **2.** Yuki will in die
Stadt fahren.   **3.** Sie muss eine Fahrkarte kaufen.   **4.** Sie muss
die Fahrkarte stempeln.

Exercise 4:   **1. Darf** ich Ihnen das Zimmer zeigen?   **2.** Du **kannst** die
Schokolade essen.   **3.** Yuki **muss** zwei Streifen stempeln.
4. Ihr **sollt** nicht streiten.

Exercise 5:   **1.** Hier **kann / darf** man parken.   **2.** Hier **darf** man
nicht parken.   **3.** Hier **muss** man abbiegen.   **4.** Hier **darf** man nicht
rauchen.   **5.** Hier **kann** man Kaffee trinken.

Exercise 6:   **1.** Ich gehe nicht in die Stadt.   **2.** Wir fahren nicht nach
Paris.   **3.** Ich möchte nicht fernsehen.   **4.** Die U-Bahn fährt nicht ins
Zentrum.

Exercise 7:   **1. Was** lernt Yuki?   **2. Wo** kann Yuki eine Fahrkarte
kaufen?   **3. Wo** ist die Haltestelle?   **4. Wohin** will Yuki fahren?
5. Wo wohnt Yuki?   **6. Wie** viele Streifen muss Yuki stempeln?
7. Wohin fährt die U-Bahn?

Exercise 8: **1.** in **2.** durch/in **3.** ohne **4.** bis **5.** für **6.** um
7. gegen

Exercise 1: **1.** das Stadtzentrum **2.** der Bücherschrank
3. die Briefmarke **4.** der Briefumschlag **5.** das Abendessen

Exercise 2: **1.** 37 **2.** 42 **3.** 99 **7.** 867 **10.** 987 106

Exercise 3: **1.** Viertel nach neun / neun Uhr fünfzehn **2.** halb eins /
zwölf Uhr dreißig **3.** Viertel vor fünf / vier Uhr fünfundvierzig
4. zehn nach acht / acht Uhr zehn **5.** fünf vor halb sieben / sechs
Uhr fünfundzwanzig

Exercise 4: **1.** Morgens **2.** Mittags **3.** abends **4.** abends /
nachts **5.** Samstags

Exercise 5: **1.** Amerikanerin **2.** Franzose **3.** Polin **4.** Türke

Exercise 6: **1.** Agne kommt aus Schweden und fährt in die USA.
2. Carlos kommt aus Spanien und fährt nach Polen.
3. John kommt aus England und fährt in die Schweiz.
4. David kommt aus Israel und fährt nach Portugal.

Exercise 7: **1.** Koffer **2.** Bücher **3.** Streifenkarten **4.** Äpfel
5. Städte

Exercise 1: **1.** Ich möchte diesen Käse. Was kostet dieser Käse?
2. Ich möchte diese Wurst. Was kostet diese Wurst? **3.** Ich möchte
diese Milch. Was kostet diese Milch? **4.** Ich möchte dieses Bier.
Was kostet dieses Bier? **5.** Ich möchte diesen Honig. Was kostet
dieser Honig?

Exercise 2: **1.** Ich möchte **ihn**. **2.** Wohin geht **sie**? **3.** Yuki trifft
ihn. **4.** Yuki trifft **sie**. **5.** Wo wohnt **er**?

Exercise 3: **1.** vier Euro und achtundsechzig Cent
2. achtzehn Euro und siebzehn Cent
3. einhundertsiebenundzwanzig Euro und fünfzehn Cent
4. eintausenddreihundertfünfundvierzig Euro und elf Cent
5. zehntausendsechshundertneunundneunzig Euro und dreißig Cent
6. zweihundertsechzehntausend(und)zweihundertzweiundzwanzig Euro
und neunundneunzig Cent

Exercise 4: **1.** b/c – **2.** a – **3.** a/b

Exercise 5: **1.** die Telefonzelle **2.** der Briefträger **3.** die Adresse
4. die Postkarte **5.** die Briefmarke **6.** der Briefkasten
7. der Briefumschlag **8.** das Paket

Exercise 1: **1.** Das Zimmer ist hell. **2.** Das Kaufhaus ist groß. **3.** Der Mantel ist hübsch. **4.** Der Brief ist schwer.

Exercise 2: **1.** ein neues Buch **2.** ein günstiges Fahrrad **3.** eine weiße Bluse **4.** eine gute Idee **5.** eine neue Zeitung

Exercise 3: **1.** das Halstuch **2.** die Handtasche **3.** der Rock **4.** die Strumpfhose **5.** der Hut **6.** die Bluse **7.** der Aktenkoffer

1. das Hemd **2.** die Krawatte **3.** die Schuhe **4.** das Jackett **5.** der Regenschirm **6.** die Hose

Exercise 4: **1. c** – **2. d** – **3. e** – **4. a** – **5. b**

Exercise 1: **1.** Yuki geht heute Abend aus. **2.** Sie müssen diesen Antrag ausfüllen. **3.** Was ziehe ich heute Abend an? **4.** Was darf ich Ihnen anbieten? **5.** Ich nehme den Regenschirm mit. **6.** Yuki nimmt die Einladung an.

Exercise 2: **1.** sich **2.** mich **3.** uns **4.** sich **5.** sich

Exercise 3: **1.** die Beratung **2.** die Einzahlung **3.** die Sitzung **4.** die Wohnung

Exercise 1: **1.** noch; gerne **2.** mitten **3.** hinein; heraus **4.** auch **5.** Heute; Danach **6.** Dort oben **7.** zweimal; hier; da

Exercise 2: **1.** Setzen Sie sich! Setzt euch! Setz dich! **2.** Kommen Sie her! Kommt her! Komm her! **3.** Kommen Sie herein! Kommt herein! Komm herein!

Exercise 3: **1.** z. B. Äpfel, Orangen, Bananen, Kiwis, Aprikosen **2.** Lammfleisch, Rindfleisch, Kalbfleisch, Geflügel **3.** Vollkornbrot, Weißbrot, Pumpernickel

Exercise 4: **1.** die Köchin **2.** die Französin **3.** die Lehrerin **4.** das Mädchen **5.** die Dame

Exercise 5: **1.** Gute Nacht! **2.** Herbst **3.** Winter **4.** links **5.** unten **6.** der Abend **7.** heraus **8.** Pech

Exercise 1: **1.** dem **2.** den **3.** der **4.** dem **5.** den **6.** den **7.** dem

Exercise 2: **1.** der Freundin **2.** den Kindern **3.** dem Gastgeber **4.** den Touristen **5.** den Gästen **6.** dem Mann **7.** den Kindern

Exercise 3: **1.** mit den Kollegen **2.** bei Frau Glück **3.** aus den USA **4.** seit einem Monat **5.** Nach dem Abendessen **6.** gegenüber dem Rathaus **7.** mit der U-Bahn **8.** nach dem Konzert

Exercise 4:   **1.** Die Kinder spielen vor dem Haus.   **2.** Wir zahlen den Hut an der Sammelkasse.   **3.** Wir kaufen ein Kleid im Kaufhaus. **4.** Die Haltestelle ist neben der Straße.

Lesson 10

Exercise 1:   **1.** ihre   **2.** ihr   **3.** ihr   **4.** ihr   **5.** sein   **6.** sein **7.** seine   **8.** ihre

Exercise 2:   **1.** Ich suche **meinen** Pass.   **2.** Er sucht **seine** Fahrkarte. **3.** Wir suchen **unser** Klassenzimmer.   **4.** Sie sucht **ihre** Brille. **5.** Ich suche **meinen** Schlüssel.

Exercise 3:   **1.** Ihre / ihrer   **2.** ihrem   **3.** meinen   **4.** meinem **5.** meiner

Exercise 4:   **1.** mir   **2.** dir; mir   **3.** ihm   **4.** uns   **5.** uns; euch

Lesson 11

Exercise 1:   **1.** Yuki kennt Tobias seit drei Wochen.   **2.** Ich bin seit fünf Monaten in Deutschland.   **3.** Ich arbeite seit drei Stunden am Computer.   **4.** Die Kinder spielen seit 30 Minuten Fußball.   **5.** Ich lese das Buch seit fünf Tagen.

Exercise 2:   **1.** verdienen   **2.** bewirbt sich   **3.** die Stellenangebote **4.** Englischkenntnisse   **5.** buchstabiert   **6.** Computer   **7.** stellt sich im Reisebüro vor

Exercise 3:   **1. c –**   **2. e –**   **3. d –**   **4. a –**   **5. b**

Exercise 4:   **1.** Ärztin   **2.** Sekretärin   **3.** Schreiner **4.** Mechaniker   **5.** Lehrerin   **6.** Bauer

Lesson 12

Exercise 1:   **1.** Ich muss mich beeilen, ich möchte **nämlich** bald zu Hause sein.   **2.** Wie geht es dir? Mir geht es **nämlich** nicht gut. **3.** Wann kommen Sie? Wir wollen **nämlich** weggehen. **4.** Ich habe leider heute Abend keine Zeit. Ich gehe **nämlich** ins Konzert.

Exercise 2:   **1.** Guten Tag! Mein Name ist Natsumura. Ich möchte mich bei Ihnen vorstellen.   **2.** Guten Tag! Mein Name ist Würtz. Bitte nehmen Sie Platz! Möchten Sie etwas zu trinken?   **3.** Wie gut sprechen Sie Englisch und Deutsch?   **4.** Welche Computerprogramme können Sie anwenden?   **5.** Ich kann zwei Computerprogramme, nämlich Word und Excel.   **6.** Wie viele Stunden muss ich am Abend arbeiten?   **7.** Was verdiene ich an einem Abend? **8.** Wir zahlen 10 Euro die Stunde.

Exercise 3:   **1. c –**   **2. c –**   **3. a**

Exercise 1: **1.** bin **2.** hast **3.** seid **4.** haben **5.** haben
6. bist **7.** habe **8.** habt

Exercise 2: **1.** Um 8.30 Uhr **bin** ich in die Stadt **gefahren.**
2. Danach **habe** ich den Sprachunterricht **besucht.** **3.** Um 12.00 Uhr
habe ich Mittagspause **gemacht.** **4.** Um 13.00 Uhr **bin** ich zurück
zur Schule **gekommen.** **5.** Ab 15.00 Uhr **habe** ich in der Bibliothek
Zeitung **gelesen.** **6.** Danach **haben** mich meine Freundinnen
abgeholt. **7.** Anschließend **haben** wir Kuchen **gegessen** und Kaffee
getrunken. **8.** Um 18.00 Uhr **haben** mich meine Freundinnen nach
Hause **gebracht.** **9.** Am Abend **habe** ich (noch) Deutsch **gelernt.**
10. Nachts **habe** ich gut **geschlafen.**

Exercise 3: **1.** Haben Sie Geld umgetauscht? **2.** Sind Sie nach
Frankfurt geflogen? **3.** Sind Sie U-Bahn gefahren? **4.** Sind Sie ins
Konzert gegangen? **5.** Haben Sie Wiener Schnitzel gegessen?

Exercise 4: **1.** gekommen, gefahren, gegangen, gelaufen, geflogen,
gelesen, hingefahren, gegeben **2.** gekauft, eingekauft, gemacht,
gebracht, gesucht, abgesagt, gezahlt, gewusst **3.** besucht, eröffnet,
versucht, anprobiert, erledigt, bedient

Exercise 5: **1.** Ich habe die Gebhardts gestern besucht. **2.** Ich bin
vor zwei Tagen nach Hamburg geflogen. **3.** Ich habe um 7.00 Uhr
gefrühstückt. **4.** Yuki hat heute Morgen Tobias angerufen.
5. Ich habe am Montag Geld umgetauscht.

Exercise 1: **1.** Sonntags gehen die Freundinnen spazieren.
2. Leider ist Tobias nicht zu Hause. **3.** Heute lädt Yuki Maria und
Beatrice ins Café ein. **4.** Gestern haben wir Kuchen gegessen.
5. Gerne nehmen wir eure Einladung an.

Exercise 2: **1.** gewonnen, gegessen, getrunken **2.** gehabt,
geschmeckt, gekauft, gewählt, gefrühstückt **3.** probiert, studiert

Exercise 3: **1.** gegessen, getrunken **2.** bestellt **3.** geschmeckt
4. gefunden **5.** gewesen

Exercise 4: **1.** Bitte, wir möchten bestellen. **2.** Guten Tag! Möchten
Sie bestellen? *or* Haben Sie schon gewählt? **3.** Wir möchten bitte
bezahlen. **4.** Was haben Sie gehabt? *or* Alles zusammen?

Exercise 1: **1.** Hans ist fleißig, Tobias ist fleißiger und Franz ist am
fleißigsten. **2.** Das Rathaus ist hoch, der Olympiaturm ist höher und
die Alpen sind am höchsten. **3.** Das Fahrrad ist schnell, die U-Bahn
ist schneller und das Flugzeug ist am schnellsten.

Exercise 2: **1.** viel, **mehr, am meisten** **2.** klein, **kleiner,
am kleinsten** **3.** groß, **größer, am größten** **4.** gut, **besser,
am besten** **5.** teuer, **teurer, am teuersten**

Exercise 3: **1.** Äpfel sind **größer als** Kirschen. **2.** Roggenbrot ist **dunkler als** Weißbrot. **3.** Das rote Kleid ist **schöner als** das weiße Kleid. **4.** Die schwarzen Schuhe sind **schicker als** die grünen Schuhe.

Exercise 4: **1.** Wir freuen uns, **dass** du uns zum Geburtstag einlädst. **2.** Ich hoffe, **dass** wir am Wochenende die Alpen sehen. **3.** Frau Glück meint, **dass** Yuki eine ruhige Mitbewohnerin ist. **4.** Frau Gebhardt hofft, **dass** ihr Mann Wein gekauft hat. **5.** Tobias geht davon aus, **dass** er einen neuen Job bekommt.

Lesson 16

Exercise 1: **1.** Wo ist die Wärmeflasche? Ich finde Sie **nicht**. **2.** Haben Sie einen Termin? Nein, ich habe **keinen** Termin. **3.** Haben Sie Husten? Nein, ich habe **keinen** Husten. **4.** Ich habe die Apotheke **nicht** gleich gefunden. **5.** Frau Glück hat **keine** Zahnschmerzen.

Exercise 2: **1. d – 2. a – 3. b – 4. e – 5. c**

Exercise 3: **1.** Tobias spricht nicht nur Deutsch, sondern auch Englisch. **2.** Frau Glück kauft nicht nur Obst, sondern auch Gemüse. **3.** Der Bäcker backt nicht nur Brot, sondern auch Brötchen. **4.** Wir essen nicht nur Kuchen, sondern trinken auch Kaffee. **5.** Du liest nicht nur Bücher, sondern hörst auch Konzerte.

Exercise 4: Eine Maus geht in der Stadt spazieren. Sie heißt Mona. Sie hat seit Tagen **nichts** gegessen und nur Wasser getrunken. Sie ist hungrig und traurig. Sie sieht **nicht** gut aus. Da trifft sie eine Katze. Sie heißt Lisa. Sie hat gegessen. Sie ist satt und glücklich. Die Katze sagt zur Maus: »Was ist los mit dir, Mona? Du siehst **nicht** gut aus.« Die Maus antwortet: »Ich habe seit Tagen **nichts** gegessen und **nichts** getrunken. Ich habe **keine** Wohnung, **keine** Kleider, **keine** Freunde und **kein** Geld. Ich bin unglücklich.« Lisa sagt zu Mona: »Komm doch mit zu mir. Ich lade dich ein. Die Maus kann das **nicht** glauben. Sie fragt vorsichtig: »Darf ich wirklich zu dir kommen?« »Warum glaubst du mir **nicht**?«, fragt die Katze. »Noch **nie** ist eine Katze so freundlich zu mir gewesen«, antwortet die Maus. Katzen und Mäuse können **nie und nimmer** Freundinnen werden.« »Wir probieren es einfach«, antwortet die Katze. Dann hat sie die Maus mit nach Hause genommen. Sie hat ihr zu essen und zu trinken gegeben, sie hat ihre Freundinnen kennen gelernt und sie hat bei ihr gewohnt. Nach einigen Wochen sagt die Maus zur Katze: »Du hast mir **nicht nur** zu essen und zu trinken gegeben, **sondern auch** Kleider und deine Wohnung gegeben. Was kann ich für dich tun? Ich möchte dir etwas schenken.« »Schenk mir einfach dein Herz«, antwortete die Katze. Seitdem heißen sie Mona-Lisa.

Lesson 17

Exercise 1: **1.** Die Hose ist **so teuer wie** die Jacke. **2.** Frau Gebhardt ist **so alt wie** Frau Glück. **3.** Nelken sind **so schön wie** Rosen. **4.** Vollkornbrot ist **so gesund wie** Pumpernickel.

Exercise 2: **1. d – 2. c – 3. a – 4. b**

Exercise 3: **1. a – b – c – d – e 2. a – c – f**

Exercise 4: **1.** Tempotaschentücher   **2.** Versicherungskärtchen
3. Kopfschmerzen   **4.** Sprechstundenhilfe   **5.** Geburtstagsgeschenk
6. Brausetabletten   **7.** Krankenhaus   **8.** Hausärztin

Exercise 1:   **1.** c –   **2.** g –   **3.** f –   **4.** h –   **5.** a –   **6.** e –
7. b –   **8.** d

Exercise 2:   **1. Wenn** ich die U-Bahn verpasst habe, nehme ich den
Bus.   **2. Wenn** der Bäcker kein Brot mehr hat, kaufe ich Brötchen.
3. Wenn mein Magen übersäuert ist, esse ich nichts, sondern trinke
nur Tee.   **4. Wenn** ich kein Geld mehr habe, hole ich Geld am
Automaten.   **5. Wenn** meine Hausarzt keine Sprechstunde hat, suche
ich einen anderen Arzt.

Exercise 3:   **1.** Yuki fährt mit dem Zug, **und zwar** mit dem ICE.
2. Sie geht gern einkaufen, **und zwar** am Abend.   **3.** Tobias isst gern
Käse, **und zwar** Emmentaler.   **4.** Frau Glück hört gern Musik, **und
zwar** Mozart.

Exercise 1:   **1.** Yuki arbeitet abends, **um** Geld **zu verdienen**.
2. Sie geht abends ins Konzert, **um** die Bamberger Symphoniker **zu
hören**.   **3.** Sie fährt mit dem ICE, **um** schneller in Bamberg **zu sein**.
4. Sie geht zu Fuß, **um** die Stadt **kennen zu lernen**.

Exercise 2:   **1.** denen   **2.** Das   **3.** Der   **4.** Denen

Exercise 3:   **1.** d –   **2.** e –   **3.** f –   **4.** c –   **5.** g –   **6.** b –   **7.** h –
8. a

Exercise 1:   **1.** stehen   **2.** stellt   **3.** hängt   **4.** gelegt   **5.** liegen
6. setzt

Exercise 2:   **1.** Ich habe **an** der Bushaltestelle auf dich gewartet.
2. Bist du **in** der Küche?   **3.** Kannst du den Blumenstrauß **auf** das
Fensterbrett stellen?   **4.** Die Kinder gehen **in** den Kindergarten.
5. Tobias setzt sich **neben** Yuki und Frau Glück.

Exercise 3:   **1.** Ja, auf dem Schreibtisch, oben rechts, liegen **welche**.
2. Ja, da vorne steht **einer**.   **3.** Auf dem Tisch liegen auch noch
welche.   **4.** Möchtest du auch **einen**?

Exercise 1:   **1.** das Schwarzbrot   **2.** das Schlafzimmer
3. die Sprechstunde   **4.** das Grünglas

Exercise 2:   **1.** Das **Joggen** im Wald ist gesund.   **2.** Das **Zahlen**
mit der Kreditkarte geht ganz einfach.   **3.** Beim **Wandern** kann man
nette Leute kennen lernen.   **4.** Das **Wohnen** in einer Großstadt ist oft
teuer.

Exercise 3: **1.** Ich würde am liebsten in die Disko gehen.
2. Ich würde am liebsten einen Kuchen backen. **3.** Ich würde am liebsten die Zeitung lesen. **4.** Ich würde am liebsten ins Schwimmbad gehen.

Exercise 4: **1.** Hast du **dich** schon **entschieden**, wohin du fahren möchtest? **2.** Sie **erkundigt sich**, wann der Zug fährt.
3. Die Deutschen haben **sich** daran **gewöhnt**, Müll zu sortieren.
4. Wir **treffen uns** um 6.00 Uhr am Bahnhof. **5. Kennen** Sie **sich** in der Altstadt aus?

Lesson 22

Exercise 1:

Frau Dietl kommt ins Büro.

Frau Dietl	Hat jemand für mich **angerufen**?
Herr Wagner	Ja. Herr Schmölder bittet **um Rückruf**.
Frau Dietl	Hat er seine Nummer **hinterlassen**?
Herr Wagner	Nein.
Frau Dietl	Ich glaube, ich habe seine **Nummer**.
Herr Wagner	Sie haben auch ein Fax **erhalten**. Ich habe es auf Ihren Schreibtisch gelegt.
Frau Dietl	Haben Sie die E-Mail nach Amerika **geschickt**?
Herr Wagner	Ja. Sie ist schon **angekommen**.
Frau Dietl	Bitte schalten Sie den **Anrufbeantworter** ein, bevor Sie gehen.

Exercise 2: **1.** Wir spielen entweder Tennis oder wir gehen in die Disko. **2.** Wir gehen entweder ins Theater oder ins Kino.
3. Wir fahren entweder nach München oder nach Berlin.
4. Wir gehen entweder ins Restaurant oder wir kochen zu Hause.

Exercise 3: **1.** Das Kind packt das große Geschenk als erstes **aus**.
2. Yuki tauscht auf der Post Geld **um**. **3.** Yuki gibt den Brief an ihre Schwester auf der Hauptpost **auf**. **4.** Ich gebe den Mantel an der Garderobe **ab**. **5.** Frau Dietl nimmt das Telefonat **an** und leitet es **weiter**. **6.** Yuki schaut **nach**, ob die Reiseunterlagen fertig sind.
7. Herr Wagner schaltet den Anrufbeantworter **ein**. **8.** Der Lieferant kommt durch die Hintertür **herein**.

Lesson 23

Exercise 1: **1.** Die Tante **des Bräutigams** ist auch gekommen.
2. Das Kleid **der Braut** ist am schönsten. **3.** Die Geschenke **der Hochzeitsgäste** sind phantastisch. **4.** Das Auto **des Brautpaares** ist mit Blumen geschmückt. **5.** Die Geschenke **der Freundinnen** haben mir am besten gefallen.

Exercise 2: **1.** Das ist Stephanies Tochter. **2.** Frau Glücks Fahrrad steht im Keller. **3.** Was macht Gabis Neffe? **4.** Wo sind Hannas und Lenas Eltern?

Exercise 3: Zur Familienfeier der Familie Glück sind alle Verwandten gekommen. »Wer ist das kleine Mädchen?«, fragt die Großmutter. »Das ist Amelie, die Nichte **deiner Schwiegertochter**«, antwortet Frau Glück. »Zu wem gehört der nette Junge dort drüben?« »Der gehört zu dem Cousin **deines Mannes**.« »Den jungen Mann kenne ich auch nicht.« »Das glaube ich dir gerne. Das ist der Freund **deiner Enkelin**.« »Habe ich diese junge Dame schon einmal gesehen?« »Das glaube ich kaum. Sie ist heute zum ersten Mal hier. Sie ist die neue Freundin **deines Enkels**.«

Exercise 4: Liebe Hochzeitsgäste, wir haben **uns** sehr **gefreut**, dass ihr zu unserer **Hochzeit** gekommen seid und wir möchten uns ganz herzlich für die vielen **Geschenke** bedanken. Ihr habt uns damit eine **große** Freude bereitet. Jetzt sind wir schon dabei, die Koffer für unsere **Hochzeitsreise** nach Neuseeland zu packen. Wenn wir wieder nach Hause **gekommen sind**, laden wir euch gerne in unsere neue **Wohnung** in Zürich ein. Bis dahin grüßen wir euch ganz **herzlich**
Hanna und Michael

Lesson 24

Exercise 1: **1.** Während **der Hochzeit** hat es geregnet.
2. Außerhalb **Deutschlands** spricht man auch Deutsch.
3. Statt **des Autos** nehmen wir die U-Bahn.   **4.** Trotz **des Regens** gehen wir wandern.   **5.** Wegen **einer Hochzeitsfeier** ist unser Geschäft geschlossen.

Exercise 2: **1. Obwohl** heißes Wetter ist, gehen wir zum Bergsteigen.
2. Obwohl Yuki einen Stadtplan hat, findet sie den Weg in Bamberg nicht.   **3. Obwohl** Yuki koffeinfreien Kaffee trinkt, kann sie nicht schlafen.

Exercise 3: **1. Statt** nach München **zu** fliegen, fliegen wir lieber nach Hamburg.   **2. Statt** ins Kino **zu** gehen, geht sie lieber ins Schwimmbad.   **3. Statt** um 17.30 Uhr ab**zu**fahren, fährt der Zug erst um 18.00 Uhr ab.   **4. Statt** um 12.15 Uhr **zu** landen, landet das Flugzeug schon um 11.30 Uhr.

Exercise 4: **1.** Die Familie verreist, **ohne** die Katze mit**zu**nehmen.
2. Die Kinder überqueren die Straße, **ohne** nach rechts und links **zu** schauen.   **3.** Die Gäste kommen herein, **ohne** an der Tür **zu** klingeln.
4. Herr Kawasaki geht nach Hause, **ohne** den Anrufbeantworter ein**zu**schalten.   **5.** Sie geht weg, **ohne** sich **zu** verabschieden.
6. Er nimmt das Stipendium an, **ohne** lange **zu** überlegen.

Lesson 25

Exercise 1: **1. b** – **2. e** – **3. d** – **4. a** – **5. c**

Exercise 2: **1.** ... junge Frau, **die** ...   **2.** ... ein Herr am Telefon, **der** ...   **3.** ... einen Brief, **den** ...   **4.** ... zwei Freundinnen, **die** ...
5. ... die Gäste, auf **die** ...

Exercise 3: **1.** Die Freundin, **deren** Mann ...   **2.** Der Autofahrer, **dessen** Auto ...   **3.** Das Schloss, in **dessen** Räumen ...
4. Eine Frau, **deren** Namen ...

Exercise 1: **1.** wir **achteten** **2.** sie **bedienten** **3.** ich **bezahlte**
4. ihr **fragtet** **5.** wir **grüßten** **6.** er **meinte** **7.** du **gratuliertest**
8. sie **lernte** **9.** es **klingelte** **10.** ich **probierte**

Exercise 2: **1.** bekam **2.** erklärte **3.** besichtigte **4.** verdiente
5. misslang **6.** erzählte **7.** begann **8.** behandelte **9.** erwartete
10. verschrieb

Exercise 3: **1.** besichtigten **2.** verdiente **3.** erzählte
4. verschrieb **5.** bekam **6.** begann **7.** misslang **8.** behandelte
9. erklärte

Exercise 4: **1.** wir **kamen an** **2.** ich **probierte an** **3.** ihr **legtet auf**
4. ich **ging aus** **5.** wir **füllten aus** **6.** sie **lud ein** **7.** es **kaufte ein**
8. wir **packten ein** **9.** ich **warf ein** **10.** er **brachte mit**

Exercise 5: **1.** Die Hochzeitsgäste **brachten** Geschenke **mit**.
2. Wir **gingen** gestern Abend **aus**. **3.** Das Brautpaar **lud** die Gäste zur
Hochzeitsfeier **ein**. **4.** Der Zug **kam** pünktlich in Bamberg **an**.
5. Wir **kauften** Geschenke für die Hochzeit **ein**. **6.** Frau Glück **warf**
den Brief **ein**.

Exercise 1: **1.** Ich **habe** letzte Woche bei dir **angerufen**.
2. Was **hast** du am Wochenende **gemacht**? Ich **bin** zu Hause
geblieben. **3.** Warum **bist** du nicht zum Deutschunterricht
gekommen? **4.** Warum **bist** du nicht zum Wandern **mitgekommen**?

Exercise 2: **1.** Im Urlaub bin ich spät ins Bett gegangen.
2. Im Urlaub habe ich gut gefrühstückt. **3.** Im Urlaub bin ich ins
Schwimmbad gegangen. **4.** Im Urlaub bin ich in die Sauna gegangen.
5. Im Urlaub habe ich Zeitung gelesen.

Exercise 3: **1.** bremste **2.** Ausfahrt **3.** gesperrt **4.** hat ... über-
holt

Exercise 1: **1.** Die Lehrerin informiert die Kursteilnehmer **über**
den Prüfungstermin. **2.** Darf ich **nach** Ihrem Namen fragen?
3. Die Eltern kümmern sich **um** die Kinder. **4.** Hast du dich **mit**
deiner Freundin verabredet? **5.** Ich muss dich **um** Hilfe bitten.
6. Frau Glück versteht sich gut **mit** Yuki. **7.** Ich habe mich **über**
den Busfahrer geärgert. **8.** Bald kann ich mich **mit** dir auf Deutsch
verständigen. **9.** Kannst du dich nicht **an** diesen Herrn erinnern?
10. Die Abschlussprüfung besteht **aus** mehreren Teilen.

Exercise 2: **1.** f – **2.** j – **3.** h – **4.** a – **5.** i – **6.** b – **7.** c –
8. g – **9.** e – **10.** d

Exercise 1: **1.** Stefan liegt im Krankenhaus, **weil** er einen Unfall hatte. **2.** Ich komme zu spät, **weil** ich den Bus verpasst habe. **3.** Yuki geht zur Post, **weil** sie Briefmarken kaufen will. **4.** Mir tun die Augen weh, **weil** ich zu lange gelesen habe. **5.** Ich bin nass, **weil** ich keinen Regenschirm hatte.

Exercise 2: **1.** Weißt du, **ob** die Prüfung morgen stattfindet? **2.** Weißt du, **ob** dieser Zug nach Berlin fährt? **3.** Weißt du, **ob** das Konzert um 19.30 Uhr beginnt? **4.** Weißt du, **ob** es hier eine Toilette gibt?

Exercise 3: **1.** Sie ist mit dem Auto gefahren, **weil** es geregnet hat. **2.** Yuki möchte wissen, **ob** Tobias heute Abend kommt. **3.** Weißt du, **ob** es morgen Abend ein Fußballspiel im Fernsehen gibt? **4.** Ich habe das Telefon nicht gehört, **weil** ich im Bad war.

Exercise 4: **1.** Wir **landen** in wenigen Minuten auf dem Flughafen Köln/Bonn. Wir bitten Sie das **Rauchen** einzustellen. Bitte begeben Sie sich auf Ihren Sitzplatz und **schnallen** Sie **sich an**. **2.** Begeben Sie sich bitte sofort zum Check-in und geben Sie Ihr **Gepäck** auf. **3.** Kapitän Müller und seine Crew wünschen Ihnen einen angenehmen **Flug**. **4.** Möchten Sie einen Raucher- oder Nichtraucherplatz? **Fenster** oder **Gang**? **5.** Hier ist Ihre **Bordkarte**. Das **Einsteigen** beginnt um 13.15 Uhr am Ausgang A8.

Exercise 1: **1.** Als es an der Tür **klingelte**, **öffnete** Frau Glück die Tür. **2.** Ich **war** am Flughafen, als das Flugzeug **landete**. **3.** Wo **wart** ihr, als es **regnete**? **4.** Als der Fußgänger die Straße **überquerte**, **kam** es zu einem Unfall.

Exercise 2: **1.** Als ich ein Kind war, **durfte** ich nicht immer fernsehen. **2.** Als ich ein Kind war, **wollte** ich mit meinem Bruder spielen. **3.** Als ich ein Kind war, **musste** ich Karotten essen. **4.** Als ich ein Kind war, **wollte** ich in den Kindergarten gehen.

Exercise 3: **1.** Ich sende dir eine E-Mail, **damit** es schneller geht. **2.** Ich mache die Tür zu, **damit** du dich auf deine Arbeit konzentrieren kannst. **3.** Yuki lernt Deutsch, **damit** sie sich um eine interessante Stelle bewerben kann. **4.** Maria muss früh aufstehen, **damit** sie die U-Bahn nicht verpasst.

Exercise 4: **1.** Zwei Tage vor der **Abreise** kann ich die Tickets im Reisebüro **abholen**. **2.** Da sie krank war, musste sie ihren Flug **stornieren**. **3.** An der Grenze wurde ich nicht **kontrolliert**. **4.** Das Flugzeug **startet** um 9.45 Uhr. Wir müssen zwei Stunden vor dem **Abflug** am Flughafen sein. **5.** Vor einer Reise in die USA muss man ein **Visum** beantragen. **6.** Wir sind mit dem Auto gefahren. Bei der **Einreise** nach Frankreich mussten wir zwei Stunden an der **Grenze** warten.

Index of words

Index of words

Apfel, der, -" apple 4
Apotheke, die, -n chemist's 17;
    Apotheker, der, - chemist 17
Apparat, der, -e telephone 22
Appenzeller, der Appenzeller 8
Aprikose, die, -n apricot 8;
    Aprikosenkonfitüre, die, -n apricot jam
    14
April April 7
Arbeit, die, -en to work 11;
    arbeiten to work 11;
    Arbeitstag, der, -e working day 12;
    Arbeitszeit, die, -en working hours 11
Architekt, der, -en architect 11;
    Architektin, die, -nen architect 11
ärgerlich annoying 24
ärgern (sich) to get angry 7/be annoyed
    28
Arm, der, -e arm 27
Arzt, der, -"e doctor 11;
    Ärztin, die, -nen (woman) doctor 11
atmen to breathe 26
auch too 2; also 8
auf on 9
auf die Gäste to our guests 7
auf Wiederhören (am Telefon) goodbye
    (on the phone) 11
auf Wiedersehen goodbye 3
Aufenthalt, der, -e stay 19
Aufgabe, die, -n exercise 29
aufgeben in: eine Postkarte aufgeben
    to send 5
aufhalten to hold open 26
aufhören to stop 28
auflegen to put down 26
aufmachen to open 7
aufregen (sich) to get excited about 28
aufrufen to call out 30
aufstehen to get up 7
aufwachen to wake up 13
Aufzug, der, -"e lift 27
Auge, das, -n eye 23
Augsburg Augsburg 1
August August 7
aus from 1
Ausfahrt, die, -en exit 27
ausfallen to cancel 24
ausfüllen to fill in 7
ausgehen to go out 26
ausgezeichnet excellent 7
aushängen to put up on 28
auskennen (sich) to know one's way
    around 21

Auskunft, die, -"e information 8
auspacken to open 15
ausrichten in: Kann ich ihm/ihr etwas
    ausrichten? Can I give him/her a
    messsage? 13
aussehen to look 9;
    aussehen mit in: Wie sieht es mit
    Ihren Computerkenntnissen aus?
    What about your computer skills? 12
außer except 16;
    außerdem as well 10;
    außerhalb out of 24
Aussichtsturm, der, -"e observation tower
    8
aussteigen to get out of 23
ausstellen to write out 25;
    Ausstellung, die, -en exhibition 24
aussuchen to choose 14;
    pick out 21
Auswahl, die selection 6
ausweisen (sich) to prove one's identity
    25
Auto, das, -s car 2;
    Autobahn, die, -en motorway 27;
    Autofahrer, der, - driver 26;
    Autounfall, der, -"e car accident 26
Automat, der, -en ticket machine 3
Autor, der, -en author 19

B
Baby, das, -s baby 2
backen to fry 7
Backrezept, das, -e recipe 26
Bad, das, -"er bathroom 2
Bahnangestellte, die, -n (am Schalter)
    booking clerk 18
Bahnhof, der, -"e station 18
bald soon 10
Balkon, der, -e balcony 20
Banane, die, -n banana 8
bandagieren to bandage 27
Bank, die, -"e in: sich auf eine Bank
    setzen bench 20
Bank, die, -en bank 13
bar in: in bar in cash 6;
    bar auf die Hand all in cash 12
Basilikum, das basil 8
Bauer, der, -n farmer 11;
    Bäuerin, die, -nen farmer 11
Baum, der, -"e tree 3
bayerisch Bavarian 13
Becher, der, - mug 14
bedanken (sich) to say thank you 7

Index of words

Brille, die, -n glasses 10
bringen to bring 9
Brot, das, -e bread 5;
    Brötchen, das, - roll 2
Brücke, die, -n bridge 19
Bruder, der, -" brother 10
Bub, der, -en boy 26
Buch, das, -"er book 3;
    Bücherschrank, der, -"e bookcase 4
Buchhaltungsprogramm, das, -e book-
    keeping program 12
buchstabieren to spell 11
Bund Petersilie, der, - sprig of parsley 7
Bundeskanzler Chancellor 24
bunt coloured 6
Büro, das, -s office 2;
    Büroarbeit, die, -en office work 11
Bus, der, -se bus 9;
    Bushaltestelle, die, -n bus stop 20

C
Cafeteria, die, -s cafeteria 4
CD, die, -s CD 15
Champagner, der, - champagne 5
Check-in, der check-in desk 29
China China 1
Cognac, der, -s brandy 5
Cola, die, - coke 2
Computer, der, - computer 11
Container, der, - container 20
Cousin, der, -s cousin (male) 10;
    Cousine, die, -n cousin (fem) 10
Crew, die, -s crew 29

D
da then 2;
    there 8;
    da drüben over there 6
dabei sein *in:* wir sind gerade dabei we're
    just thinking about it 14
dadurch for this reason 26
Dame, die, -n lady 11;
    Damenbekleidung, die ladies'
    fashions 6
damit with that 15
Dampfschiff, das, -e steamer 24
danach after 7
Däne, der, -n Dane 23
danke thank you 2;
    danken thank 9
dann then 5

Darf ich dir alles Gute zum Geburtstag
    wünschen? I'd like to wish you a very
    happy birthday 15
das kommt darauf an that depends
    18
das macht that makes 5
dass that 15
dauern last 4
davon ausgehen to assume 15
dein *(Briefschluss)* yours 10
denken/meinen to think 11
denn then 3
deshalb therefore 10
deutlich clearly 25
Deutsch German 1;
    Deutschkurs, der, -e German course 4;
    Deutschland Germany 1;
    Deutschunterricht, der German
    lesson/class 4
Dezember December 7
dich *(Akk)* you 10
Dienstag, der, -e Tuesday 2
diese *(Pl.)* these 5
dieselbe same 26
dieser this 5
dir *(Dat)* you 10
direkt directly 9;
    in: direkt ins Zentrum right 3
Dirndl, das, - dirndl 8
Disko, die, -s disco 21
Diskussion, die, -en discussion 24;
    Diskussionsrunde, die, -n discussion
    group 24
diskutieren to discuss 28
doch then 21
Dom, der, -e cathedral 19
Donnerstag, der, -e Thursday 2
dort there 8;
    dort oben up there 8
Dose, die, -n tin 20
draußen outside 8
drehen (sich) to turn 8
drüben over there 30
dumm stupid 24
dunkel dark 15
dünn thin 7
durch through 3
dürfen may 2
Durst *in:* Durst haben be thirsty 1
durstig thirsty 2
duschen (sich) to have a shower 2

Index of words

Fahrrad, das, -"er bike 6;
Fahrradhelm, der, -e crash helmet 26
Fahrt, die *in:* vor der Fahrt before
boarding 25
Fall, der, -"e fall 5;
fallen to fall 27
Familie, die, -n family 7;
Familienfoto, das, -s family picture 20
fantastisch (*auch:* phantastisch) just
wonderful 13; phantastic 16
Farbe, die, -n colour 6
Fax, das, -e fax 22
Februar February 7
fehlen to miss 15; to be absent 26;
in: Was fehlt Ihnen denn? What's
wrong with you? 16
feiern to celebrate 14;
in: Party feiern to give a party 4
Feiertag, der, -e holiday 15
fein good 24
Fenster, das, - window 20;
Fensterbrett, das, -er window sill 20
Fernbedienung, die, -en remote control
24
fernsehen to watch TV 2;
Fernseher, der, - television set 2;
Fernsehprogramm, das, -e television
program 24
fertig ready 7
Fieber, das temperature 16;
Fieberthermometer, das, - thermometer
16
Film, der, -e film 17
Filtertüte, die, -n filter paper 20
finanzieren to pay 11
finden to find 6;
in: wie findest du to like 9
Fitness-Gymnastik, die workouts 21
Flasche, die, -n bottle 7
Fleisch, das meat 7;
Fleischbrühe, die, -n stock 7
fleißig hard, diligent(ly) 15
fliegen to fly 13
Flug, der, -"e flight 30;
Flughafen, der, -" airport 30;
Flugzeug, das, -e plane 3
Fluss, der, -"e river 19
fortsetzen to continue 24
Foto, das, -s foto 4
Frage, die, -n question 28;
fragen to ask 8
Franken Franconia 19
Frankreich France 4

Französisch French 1
Frau, die, -en woman 1;
Frau Dietl am Apparat Mrs Dietl
speaking 11
frei free 6
Freitag, der, -e Friday 2
Fremdenverkehrsamt, das, -"er Tourist
Information/Office 19
Fremdsprachenkenntnis, die, -se
knowledge of a foreign language 12
Freude bereiten to give pleasure 15
freuen (sich) to be pleased 4
freundlich kind 7
frieren to feel cold 26
frisch fresh 21;
Frischkäse, der cream cheese 8
Friseur, der, -e hairdresser 11;
Friseurin, die, -nen hairdresser 11
früh early 4
Frühling, der, -e spring;
Frühlingsstrauß, der, -"e bunch of
spring flowers 15
Frühstück, das breakfast 13
führen *in:* die Brücke führt über die
Regnitz the bridge crosses the Regnitz
19;
Führung, die, -en tour 8
füllen to fill 14
Fünfhunderter, der, - 500-euro note 5
Fünfziger, der, - 50-euro note 5
für for 2
Fuß *in:* zu Fuß sein on foot 19;
Fußballpokal, der, -e cup 20

G
Gang, der, -"e corridor 27;
aisle 29
ganz whole 8
gar nicht really 15;
in: ich weiß gar nicht I don't know 14
Garderobe, die, -n cloakroom, hook 9;
stand 20
garnieren to garnish 7
Gast, der, -"e guest 7;
Gastgeber, der, - host 9;
Gastgeberin, die, -nen hostess 9
Gebäude, das, - building 19
geben to give 8
Geburtstag, der, -e birthday 10;
Geburtstagsfeier, die, -n
birthday party 15;
Geburtstagskind, das, -er birthday
girl/boy 25

Index of words

herkommen to come here 8
Herrchen, das, - master 25
herrlich wonderful 8
Herz, das, -en heart 16
Herzerl, das, - little heart; sweetheart 30
herzliche Grüße best regards 10
Herzlichen Glückwunsch zum
    Geburtstag! happy birthday! 15
heute today 4
hier here; hier vorne over there 8
Hilfe, die help 6
Himbeere, die, -n raspberry 8
himmlisch absolutely wonderful 14
hinauf up 8;
    hinaufkommen to get up 8
hinausgehen to go out 22
hinein into 8;
    hineingehen to go into 8
hinfahren to drive (to) 13
hingehen to go (there) 26
hinterlassen to leave 22
hinunter down 8
hinweisen auf to refer to 28
hoch high 15
Hochzeit, die, -en wedding 23;
    Hochzeitsfeier, die, -n wedding
    celebration 23;
    Hochzeitsgast, der, -"e wedding guest
    23; Hochzeitsgesellschaft, die, -en
    wedding party 23
hoffen auf to hope for 28
hoffentlich I hope, hopefully 13
höflich polite 26
holen to go and get 22
Honig, der honey 5
hören to hear 10
Hornist, der, -en horn player 25
Hörverstehen, das listening
    comprehension 28
Hose, die, -n trousers 6
hübsch pretty 6
Hubschrauber, der, - helicopter 25
Hund, der, -e dog 2
Hunderter, der, - 100-mark note 5
Hunger, der in: Hunger haben
    to be hungry 1
hurra hurrah 13
Husten, der cough 16
Hut, der, -"e hat 6

I

IC (InterCity), der, -s intercity 18;
    IC-Zuschlag, der, -"e IC surcharge 18
ICE (InterCityExpress), der, -s intercity
    express 18
ich I 1
Idee, die, -n idea 6
ihm him 10
ihn him 10
ihnen them 10
ihr her 10
im (= in dem) in the 4
in in 1;
    in der Nähe near here 9
Information, die, -en in: Informationen
    unter information on 11;
    informieren inform 28
Ingenieur, der, -e engineer 11;
    Ingenieurin, die, -nen engineer 11
inhaltlich text-related 28
Innenstadt, die, -"e town/city centre 19
innerhalb in 24
ins (= in das) into 3
Instrument, das, -e instrument 25
interessant interesting 8
interessieren für (sich) to be interested in
    28
inzwischen in the meantime 24
Italien Italy 4

J

ja yes 1;
    ja, gerne yes, please 8
Jackett, das, -s jacket 6
Jahr, das, -e year 10;
    Jahreszahl, die, -en year 5
Januar January 7
Japan Japan 1
jeden every 4;
jedenfalls certainly 16;
    at any rate 29
jemand someone 11
jetzt now 8
Job, der, -s job 15;
    Jobsuche, die looking for a job 11
joggen to go jogging 21
Jogurt, der, -s yogurt 8
Juli July 7
jung young 11
Juni June 7

Index of words

Kuchen, der, - cake 4
Kursteilnehmer, der, - course participant 4
kurz short 28
Kuss, der, -"e kiss 9

L
lachen to laugh 28
Lammfleisch, das lamb 8
Land, das, -"er country 19;
    Land der Franken Franconia 19;
landen to land 24
lang long 6
langweilig boring 27
lassen to leave 26
Lastwagen, der, - lorry 17
laufen to walk 26
Leberkäse, der, - Bavarian speciality made of meat 13
Leberwurst, die, -"e liver sausage 8
lecker delicious, tasty 14
legen to put 15
Lehrer, der, - teacher 2;
    Lehrerin, die, -nen teacher 2
leicht light 11;
    easy 25
Leid *in:* das tut mir Leid I'm sorry 26
leider I'm afraid 13;
    unfortunately 14
leisten (sich) to afford 30
lernen to learn 1
lesen to read 5
letzte last 28
Leute, die *(Pl.)* people 8
lieb sweet, nice
lieben to like 2
lieber *in:* sollen wir lieber is it better to 9
Lieferant, der, -en supplier 22
liegen to lie 20;
    liegen lassen to leave behind 22
links left 8
Linzer Torte, die, -n Linzer Torte 14
lohnen (sich) to be worthwhile 19, 21
Lokalnachricht, die, -en local news 26
los sein *in:* etwas ist mit mir los something is wrong with me 16
Los, das, -e lottery 9;
    Losverkäufer, der, - lottery seller 9
Luft, die, -"e air 21
Lust, die *in:* Lust haben zu feel like 24
Luxemburg Luxembourg 1

M
machen to make 4;
    Machen Sie sich schick! Wear something smart! 7
Mädchen, das, - girl 2
Magen, der -" stomach 16
Mai May 7
mal *in:* lesen Sie mal you should read 11
man one 3
manchmal sometimes 8
Mann, der, -"er man 1
Mantel, der, -" coat 6
Märchen, das, - story, fairy tale 9
Markt, der, -"e market 8;
    Marktstand, der, -"e market stall 19
März March 7
Maus, die, -"e mouse 16
Mechaniker, der, - mechanic 11;
    Mechanikerin, die, -nen mechanic 11
Medikament, das, -e medicine 3, 17
Mehl, das flour 7
mehr more 10
mein my 10;
    mein Name ist my name is 4
meinen, denken to think 11
meistens usually 15
messen to measure 16
Mexiko Mexico 1
mich *(Akk)* me 10
Milch, die milk 1
Mineralwasser, das mineral water 12
mir *(Dat)* me 10
mischen to mix 7
misslingen to fail 13
mit with 1
Mitbewohnerin, die, -nen flatmate 10
mitbringen to bring (with one) 4
miteinander with each other 10
mitkommen to come with 13
mitnehmen to take with 16;
    to take along 30
Mittagspause, die, -n lunch break 4
Mitte, die middle 9;
    mitten in the middle of 8
Mittwoch, der, -e Wednesday 2
möchten would like 2
mögen to like 2
Moment, der, -e moment 5
Montag, der, -e Monday 2
Morgen, der, - morning 4;
    morgens every morning 4;
    Morgenstund hat Gold im Mund the early bird gets the worm 21

Index of words

Papier, das, -e paper 20;
    Papierkorb, der, -"e waste paper basket
    20; Papierserviette, die, -n paper
    serviette 20; Papiertaschentücher, die
    (Pl.) tissues 17
Paprika, das *(spice)* paprika 8
Paprika, der, -s pepper 8
parken to park 2;
    Parkplatz, der, -"e car park 27
Party feiern to give a party 4
Pass, der, -"e pass port 10;
    Passkontrolle, die, -n passport control
    30
passen to fit 6;
    in: das passt mir to suit 18
passieren to happen 26
Patient, der, -en patient 17
Pause, die, -n break 4
Pech, das *in:* Pech haben be unlucky 1
peinlich embarrassing 25
per Luftpost by airmail 5
Person, die, -en person 7;
    Personalbüro, das, -s personnel
    department 11
Petersilie, die parsley 8
Pfandglas, das, -"er returnable jar/bottle
    22
Pfeffer, der pepper 7
Pflaster, das, - plaster 17
Pflaume, die, -n plum 8
Pforte, die, -n reception 27
phantastisch just wonderful 13;
    phantastic 16
Philharmonie, die, -n Philharmonic Hall
    9
Plakat, das, -e notice 25
Plastik, das plastic 20
Platz, -"e seat 9; room 2 ;
    Platz nehmen to take a seat 22;
    Platzreservierung, die, -en seat
    reservation 18
Polen Poland 4
politisch political 24
Polizist, der, -en policeman 11;
    Polizistin, die, -nen policewoman 11
Porto, das, -s postage 5
Post, die post 5;
    Postamt, das, -"er post office 5;
    Postbote, der, -n postman 10;
    Postkarte, die, -n post card 5;
    Postleitzahl, die, -en post code 5;
    Postsparbuch, das, -"er post office
    savings book 13

Preis, der, -e price 24
privat private 24;
    Privatpatient, der, -en private patient
    16
Probe fahren to test-drive, to make a trial
    run 22
probieren to try 13; to taste 14
profitieren von to profit from 28
Programm, das, -e program(me) 9
Prospekt, der, -e broschure 20
Prost! Cheers! 9
Prozent, das, -e per cent 18
prüfen to examine, to test 28
Prüfung, die, -en examination 28;
    Prüfungsteil, der, -e part of the
    examination 28
Pumpernickel, der, - pumpernickel 8
pünktlich punctual 13

Q
Quittung, die, -en receipt 25

R
Rabatt, der, -e discount 18
Rad fahren to go cycling 22;
    Radweg, der, -e cycle track 26
Radieschen, das, - radishes 8
Radio, der, -s radio 2
Rathaus, das, -"er town hall 8
rauchen to smoke 2
Raucher smoker/smoking;
    Raucherabteil smoking compartment 18
Raum, der, -"e room 4
raus get away 29
rebellieren to rebel 16
rechnen to reckon 28
rechts right 8
rechtzeitig in time 30
reden über to talk about 28
regelmäßig regularly 28
Regen, der rain 24;
    Regenmantel, der, -" raincoat 21;
    Regenschirm, der, -e umbrella 24
RegionalExpress, der, -e regional express 18
regnen to rain 24
Reihe, die, -n row 9
Reis, der rice 23
Reise, die, -n trip 11;
    Reisebüro, das, -s travel agency 11;
    reisen to travel 3;
    Reiseunterlagen, die *(Pl.)* travel
    documents 18
Reiter, der, - rider 19

Index of words

senden to send 13; to broadcast 24
Sender, der, - television station 24
Sendung, die, -en programme 24
Senf, der mustard 8
September September 7
setzen (sich) to sit down 7
Sherry, der, -s sherry 7
sicher sure 2
Sie you (fml) 1
sie *(Akk. Sg.)* her 10
sie *(Akk. Pl.)* them 10
Sie wünschen bitte? can I help you? 22
Situation, die, -en situation 25
sitzen to sit 7;
  Sitzplatz, der, -"e seat 18
so … wie as … as 17
so *in:* So eine Überrraschung! what a
  surprise! 10
soeben just 30
sogar even 8
Sohn, der, -"e son 9
Solist, der, -en soloist 9
sollen should 3
Sommer, der, - summer;
  Sommerkleid, das, -er summer dress 6;
  Sommermantel, der, " summer coat 6
Sondermarke, die, -n commemorative
  stamp 5; Sondermarke zu 5 Mark
  5-mark commemorative stamp 5
Sonne, die, -n sun 24;
  Sonnenblume, die, -n sun flower 8;
  Sonnenmilch, die sun lotion 17;
  Sonnenschein, der sun shine 11
Sonntag, der, -e Sunday 2
sonst otherwise 4;
  in: sonst noch etwas anything else 6
sortieren to sort 20
Souvenir, das, -s souvenir 30
Sozialversicherungsbeitrag, der, -"e social
  insurance contribution 12
Spanien Spain 4
spannend exciting 17
Sparpreis, der, -e discount price 18
Spaß, der, -"e fun 10
später later 22
spazieren gehen to go for a walk 14
sperren to close 2
spielen to play 9;
  in: es spielt zweimal täglich to chime 8
Sport treiben to do sports 21;
  Sportart, die, -en sport 21

Sprache, die, -n language 3;
  Sprachenschule, die, -n language school
  25; Sprachlabor, das, -e language lab 4
sprechen to speak 3;
  Sprechstunde, die, -n *in:* Sprechstunde
  haben to hold surgery 16;
  Sprechstundenhilfe, die, -n
  receptionist 16;
  Sprechzeit, die, -en surgery hours 16
Stadt, die, -"e town 3;
  Stadtbesichtigung, die, -en guided tour
  of the city 8;
  Stadtführerin, die, -nen city guide 8;
  Stadtplan, der, -"e city map 19;
  Stadtzentrum, das, *(Pl.)* Stadtzentren
  city centre 4
Standesamt, das, -"er registry office 23
starten to take off 30
Station, die, -en stop 3
statt instead of 24
stattfinden to take place 25
stehen to be 20
Stelle, die, -n job 11;
  in: dieselbe Stelle same 26;
  Stellenangebot, das, -e job advert 11
stellen to put 20;
  stellen *in:* Frage stellen to ask 28
stempeln to stamp 3
Steuer, das, - steering wheel 23
Steuer, die, -n tax 12
Steward, der, -s steward 2;
  Stewardess, die, -en stewardess 1
Stock, der, - floor 6
stornieren to cancel 30
Straße, die, -n street 8;
  Straßenbahn, die, -en tram 15
streicheln to stroke 2
Streifen, der, - strip 3;
  Streifenkarte, die, -n strip ticket 3
streiten to quarrel 3
Strumpfhose, die, -n tights 6
Stück, das, -e piece 14
Student, der, -en student 3
studieren to study 13
Stufe, die, -n step 8
Stuhl, der, -"e chair 4
Stunde, die, -n hour 4;
  Stundenplan, der, -"e timetable 4
stürzen to fall 27
suchen to look for 6
Süden, der south
Supermarkt, der, -"e supermarket 22

Index of words

und and 1;
    und zwar namely 18
Unfall, der, -"e accident 26
ungefähr about 19
Universität, die, -en university 19
uns us 10
unser our 10
unten down 8
unter under 9
unterhalten über (sich) to talk about 28
Unterricht, der lessons 4
Unterschied, der, -e difference 18
unterschreiben to sign 8

V

Vanilleeis, das vanilla icecream 14
Vater, der, -"er father 2
verabreden (sich) to arrange to meet 26
Veranstaltung, die, -en event 20
verbinden to put through 28
verbringen to spend 24
verdienen to earn 11
vergessen to forget 13
Vergissmeinnicht, das, -e forget-me-not 8
vergleichen mit to compare with 28
verheiratet sein to be married 10
Verkäufer, der, - shop assistant 1;
    Verkäuferin, die, -nen shop assistant 6
Verkehrsunfall, der, -"e road accident 26
verlassen to leave 28
verletzen (sich) to injure (oneself) 26;
    verletzt injured 26
verlieben in (sich) to fall in love with 28
vermeiden to avoid 20
verpassen to miss 15
verreisen to go on holiday 24
verschicken to send 22
verschieden different 28
verschlafen to oversleep 25
verschreiben to prescribe 16
Versicherungskärtchen, das, - medical insurance card 16
versprechen to promise 27
verständigen mit (sich) to communicate with 28
Verständnis, das understanding 23
verstehen to understand 7;
    (sich) to get on 28
versuchen to try 7
Verwandte, die *(Pl.)* relatives 10
Video, das, -s video 4;
    Videoraum, der, -"e video room 4

viel a lot of 2;
    vielen Dank thank you very much 6;
    Vielen Dank für Ihre Hilfe! thank you very much for your help 6
vielleicht possibly 6; perhaps 8
vier four 3;
    viermal four times 8
Viertel, das, - quarter 4
vierter Stock fourth floor 6
Visum, das, *(Pl.)* **Visa** visa 30
voll full 8
Vollkornbrot, das, -e wholemeal bread 8
von from 9;
    in: **von … bis** from … until 4
vor in front of 9
vorbeikommen to come by 22
vorbeikommen *in:* **einfach vorbeikommen** just come and see 11
vorbeilaufen to walk past 19
vorbereiten to prepare 7;
    vorbereiten auf (sich) to prepare for 28;
    to get ready 30
vorgesehen if necessary 24
vorherig previous 16
Vormittag, der, -e morning 4;
    vormittags every morning 4
Vorschlag, der, -"e *in:* **einen Vorschlag machen** suggest 11;
    vorschlagen suggest 15
Vorschrift, die, -en regulation 20
vorsichtig carefully 7
vorstellen (sich) to introduce oneself 7;
    Vorstellungsgespräch, das, -e job interview 11;
    Vorstellungstermin, der, -e interview 12
Vorteil, der, -e advantage 11
vorzüglich exquisite 14

W

wählen to choose 9; to dial 22
während during 24
Wahrzeichen, das, - landmark 8
Wald, der, -"er forest 3
Wand, die, -"e wall 9
wandern to hike, to walk 21
Wandertag, der, -e class hike 27
wann? when? 1
warm warm 7
Wärmflasche, die, -n hot water bottle 16
warten to wait 8

Index of words

zeigen to show 2
Zeit, die, -en time 4
Zeitung, die, -en newspaper 6
Zentrum, das, *(Pl.)* Zentren centre 3
zerstören to destroy 7
Zeugnis, das, -se certificate 28
ziehen lassen let something stand 7
Zimmer, das, - room 2;
    Zimmernummer, die, -n room number 27
Zitrone, die, -n lemon 7;
    Zitronenscheibe, die, -n slice of lemon 7
zu to 9; zu *in:* Sondermarke zu 5 Euro 5-euro commemorative stamp 5;
    zu Hause at home 2;
    zu viel too much 7
Zucker, der sugar 1
zuerst first 6
Zug, der, -"e train 3
zugeben to add 7
zuhören to listen to 9
zuletzt finally 15

zum = zu dem to 7;
    zum Beispiel for example 20;
    zum Wohl! to your health 7
zurück back 5;
    zurückfliegen to fly back 30;
    zurückkommen come back 7;
    zurückrufen to ring back 13
zusagen accept 7
zusammen altogether 5
zusammenkommen to meet 22
Zusammenstoß, der, -"e collision 26;
    zusammenstoßen to collide 27
zuschauen to watch 9
Zutat, die, -en ingredient 7
zuzahlen *in:* Sie müssen dazuzahlen you have to pay a contribution 17
Zwanziger, der, - 20-euro note 5
zwei two 1
Zweihunderter, der, - 200-euro note 5
zweimal twice 8
zweite second 9
Zwiebel, die, -n onion 7
zwischen between 20